KB242869

일러두기

- 한자는 하나의 글자가 여러 음(소리)과 훈(뜻)을 가질 수 있어요. 본 서에서는 가장 대표되는 음과 훈을 소개했어요.
- 두음법칙 발음도 함께 표기해 놓았어요.

1등급을 위한
중1 교과서 개념 한자

김연수
지음

글담출판

성적의 갈림길,
개념어에서 시작된다

공부가 갑자기 어려워진 이유

어느 순간, 공부가 갑자기 어렵게 느껴진 적이 있나요? 수업을 들어도 잘 이해되지 않고, 교과서를 읽어도 무슨 뜻인지 몰라서 점점 자신감이 떨어졌던 경험 말이에요. 그런 경험이 쌓이다 보면 수업 시간이 길게만 느껴지고, 집중도 잘되지 않지요.

초등학교 저학년 때까지만 해도 시험에서 늘 100점을 받고, "공부 잘한다"는 칭찬을 자주 들었을 거예요. 그런데 고학년이 되면서 조금씩 달라집니다. 과학과 사회를 중심으로 생소한 개념들이 쏟아지고, 특히 5, 6학년 과정에서 '정의'나 '혁명'과 같은 추상적 어휘가 대거 등장하며 학습의 장벽을 만들어요.

이러한 변화는 중학교 진학 후 더욱 뚜렷하게 나타나요. 중등 교과서는 텍스트의 양이 방대할 뿐만 아니라, 초등 시기의 친절한 설명 대신 문장이 압축되어 있지요. 예를

4

들어, 6학년 때는 여러 차례에 걸쳐 배웠던 '세계의 지형과 기후'가 중학교 과정에서는 단 몇 페이지로 요약되어 나오기도 해요.

설명의 방식 또한 달라져요. '구불구불하게 흐르는 하천'이나 '넓고 평평한 평야'처럼 현상을 상세히 풀어 주던 친절한 문장은 줄어들고, 핵심 용어 중심으로 간결하게 서술되는 경우가 많아요.

어휘의 수준 역시 한층 높아져요. 일상적인 표현인 '슬픔'은 '비애'로, '살다'는 '거주하다'로, '이루어지다'는 '구현하다'로, '지키다'는 '보장하다'로 바뀌어요. 비슷해 보이지만, 한자어 속에 담긴 정확한 정의를 알고 있어야만 문맥을 온전히 이해할 수 있는 어휘들이 등장하기 시작하는 것이지요.
이 단어들의 공통점이 보이나요? 바로 대부분 한자로 이루어져 있다는 거예요. 한자는 글자 하나하나에 깊은 뜻을 담고 있어, 새로운 어휘를 생성하거나 복잡한 의미를 정교하게 드러내기에 매우 유리해요. 그래서 학문적인 내용을 설명하는 전문 용어나 개념어에 많이 쓰입니다. 학년이 올라가고 배울 내용이 깊어질수록 한자 어휘를 더 자주 만나게 되는 이유이지요.

한자 어휘에 익숙해지는 것은 학습의 효율을 높이는 가장 확실한 지름길이에요. 한자의 뜻을 통해 교과서 개념어를 먼저 이해하면, 처음 마주하는 생소한 단어도 두렵지 않아요. 마치 길을 잘 안내해 주는 네비게이션처럼, 명확한 학습 방향을 잡아 주기 때문이에요.

'수학, 영어 하느라 바쁜데, 이제 한자까지 해야 하나?' 부담되나요?

부담스럽게 느껴질 수도 있어요. 하지만 걱정하지 않아도 돼요. 이 책은 한자를 따로 떼어 공부하는 것이 아니라, 교과서에 나오는 개념어를 이해하는 방법으로 한자를 활용해요. 공부할 거리가 하나 더 늘어나는 게 아니라, 같은 내용을 조금 더 쉽게 이해하는 지름길을 선택하는 셈이에요. 억지로 외우지 않아도 괜찮아요. 읽고 생각하는 과정에서 자연스럽게 뜻이 연결되고, 그 힘이 여러분의 학습을 도와줄 거예요.

뿌리가 깊은 나무는 거센 바람에도 쉽게 흔들리지 않지요. 한자를 통해 익힌 교과서 개념어는 여러분에게 단단한 뿌리가 되어 줄 거예요.

흔들리지 않는 공부의 힘, 개념 한자

수업 시간에 이런 일이 있었어요. "이런 고전 문장들이 사료로 활용되고 있어요."라고 말했더니, 학생들 얼굴에 물음표가 떠올랐어요. '사료'라고 하니 강아지나 고양이가 먹는 사료를 떠올린 거예요. 만약 '사료'의 '사(史)'가 역사를 뜻하는 한자라는 것을 알고 있었다면, 역사 연구에 쓰이는 자료라는 의미를 충분히 짐작할 수 있었겠지요. 낯선 단어를 만났을 때 여러 의미를 자연스럽게 떠올리려면 '어휘 주머니'가 넉넉해야 해요. 주머니 속에 담긴 어휘가 많을수록, 처음 보는 어휘라도 이미 알고 있는 말과 연결해 낼 수 있거든요. '역사 사(史)' 하나만 제대로 알아도 사료, 사관, 선사시대 등으로 생각이 확장되지요. 블록을 하나씩 맞추어 단단하게 쌓아가듯, 한자를 통해 개념어를 익히면 어휘력이 비약적으로 성장해요. 당연히 교과 공부도 훨씬 쉬워지지요.

또 다른 예로, 뉴스나 사회 교과서에 자주 등장하는 '헌법소원'을 살펴볼까요? 많은 학생이 이 단어를 '소원을 빌다' 할 때의 소원으로 오해하곤 해요. 하지만 한 글자씩 살펴보면 뜻이 전혀 달라요. 헌법소원의 소원은 '호소할 소(訴)', '원할 원(願)'이에요. '침해받은 권리를 호소하며 구제해 주기를 원한다'라는 의미지요.

이렇게 한자의 의미를 먼저 파악하고 교과서의 설명을 읽으면, 개념이 훨씬 선명하게 다가와요. 사전이나 교과서의 긴 문장만으로는 잡히지 않던 핵심이 분명해지는 것이지요. 마치 뜀틀을 넘을 때 한 번에 뛰어오르기는 힘들어도, 도움닫기를 하면 훨씬 수월해지는 것과 비슷해요. 한자를 통한 개념어 이해는 바로 공부의 도움닫기 역할을 해줘요.

'공공복리'라는 단어도 마찬가지예요. 교과서에서는 '공공복리'를 "사회 구성원 전체의 행복과 이익"이라고 설명하고 있어요. 얼핏 보면 어렵지 않아 보여서, 읽고 나면 이해했다고 착각하기 쉬워요. 그런데 '공공복리의 의미를 설명하고 관련 제도를 3가지 쓰시오'라는 서술형 문제가 나오면 머릿속이 하얘져요. '분명히 알고 있었는데, 공공복리가 뭐지?'라고 당황할 수 있어요.

이때 '공공(公共)'을 '여럿이 함께'라는 뜻으로, '복리(福利)'를 '행복과 이익'이라는 뜻으로 나누어 이해하고 있었다면 어떨까요? 긴장된 시험 상황에서도 단어의 의미를 정확하게 떠올리고 막힘없이 답안을 써 내려갈 거예요.

시험은 정해진 시간 안에 많은 문제를 풀어야 하기에 누구에게나 불안하고 초조해요. 그만큼 내용을 정확히 이해해 온전히 자기 것으로 만들지 못했다면, 실전에서 실력을 발휘하기 어렵지요.

한자 개념어 학습은 뜻을 명확히 잡아 주고 기억을 오래 유지해 주는 힘이 있어요. 어떤 시험장에서도 흔들리지 않는 단단한 기초, 바로 한자 개념어 공부에서 시작돼요.

내신과 수능 1등급으로 이어지는
교과별 핵심어만 담았어요

바뀐 수능 체제에서는 선택과목 없이 모든 수험생이 동일한 과목으로 시험을 치러요. 특히 수능 출제 내용의 상당 부분은 중학교 교육 과정과 깊이 맞닿아 있어요. 완전히 새로운 개념이 등장하기보다 중학교에서 배운 기초를 토대로 심화되는 경우가 많기에, 이제 중학교 공부의 중요성은 그 어느 때보다 훨씬 커졌어요. '고등학교 가서 하면 되지'가 아니라, 중학교 때부터 한 단계씩 차곡차곡 쌓아 가야 해요.

모든 공부의 중심은 단연 '교과서'예요. 이 책에서 다루는 어휘들 역시 교과서에 수록된 핵심어들로 구성했어요. 교과서 본문의 굵은 글씨나 좌우 '날개' 부분의 개념 설명은 모두 중요한 학습 단서를 담고 있어요. 본 도서는 이러한 핵심어를 중심으로 교과별 필수 어휘를 엄선했어요.

학교 내신은 물론, 향후 수능에서도 비중 있게 다뤄질 핵심 개념들이지요. 특히 앞으로 비중이 확대될 서·논술형 평가에서는 답안의 핵심 키워드가 되기도 해요.

중학교 교과서는 대부분 검정 교과서로, 출판사별로 종류가 다양하지만 모두 동일한 교육 과정을 따르고 있어요. 여러 종류의 교과서를 면밀히 분석하여 공통으로 다루는 핵심 어휘를 뽑았기 때문에, 어떤 교과서로 배우든 도움이 될 거예요.

국어는 각 영역에서 고르게 어휘를 담았어요. 특히 학생들이 어려워하는 '문법' 용어를 조금 더 자세히 다루었어요. 품사, 가변어, 체언과 같은 개념은 한자로 그 의미를 풀이했을 때 훨씬 뜻이 명확해져요. 이런 말들을 이해하고 나면, 막연히 어렵게 느껴지던 문법 영역도 한결 수월해질 거예요.

사회는 크게 지리와 일반사회 영역으로 나뉘어요. 사회 과목은 개념어 자체가 곧 학습의 핵심이지요. 그래서 성취 기준에서 중요하게 다루는 어휘를 중심으로 선정했어요. 관세, 탄소중립, 문화 혼종성, 파업처럼 최근 사회 이슈와 연결되는 용어들도 함께 담았어요.

과학에는 외국 학술 용어를 한자로 간결하게 번역한 말이 많아요. 그래서 뜻을 정확히 알고 넘어가는 것이 특히 중요해요. 부력, 합력, 압력처럼 헷갈리기 쉬운 어휘, 그리고 그래프와 표를 해석하는 데 필수적인 어휘들을 중심으로 골랐어요.

역사는 세계사를 다루는 '역사 1'과 한국사를 다루는 '역사 2'로 구성돼요. 보통 중학교 2, 3학년 과정에서 배우지만, 학교에 따라 1학년 때 시작하기도 해요. 역사는 학습량이 방대하고 용어 생소함이 큰 과목인 만큼, 학교 진도에 앞서 미리 기초를 다질 수 있도록 했어요.

아직 예비 중학생이라면, 미리 중학교 교과서를 살펴본다는 마음으로 순서대로 읽어 보세요. 이미 교과서를 가지고 있는 중학생이라면, 해당 단원을 펼쳐 놓고 함께 비교하며 읽어 보기를 권합니다.

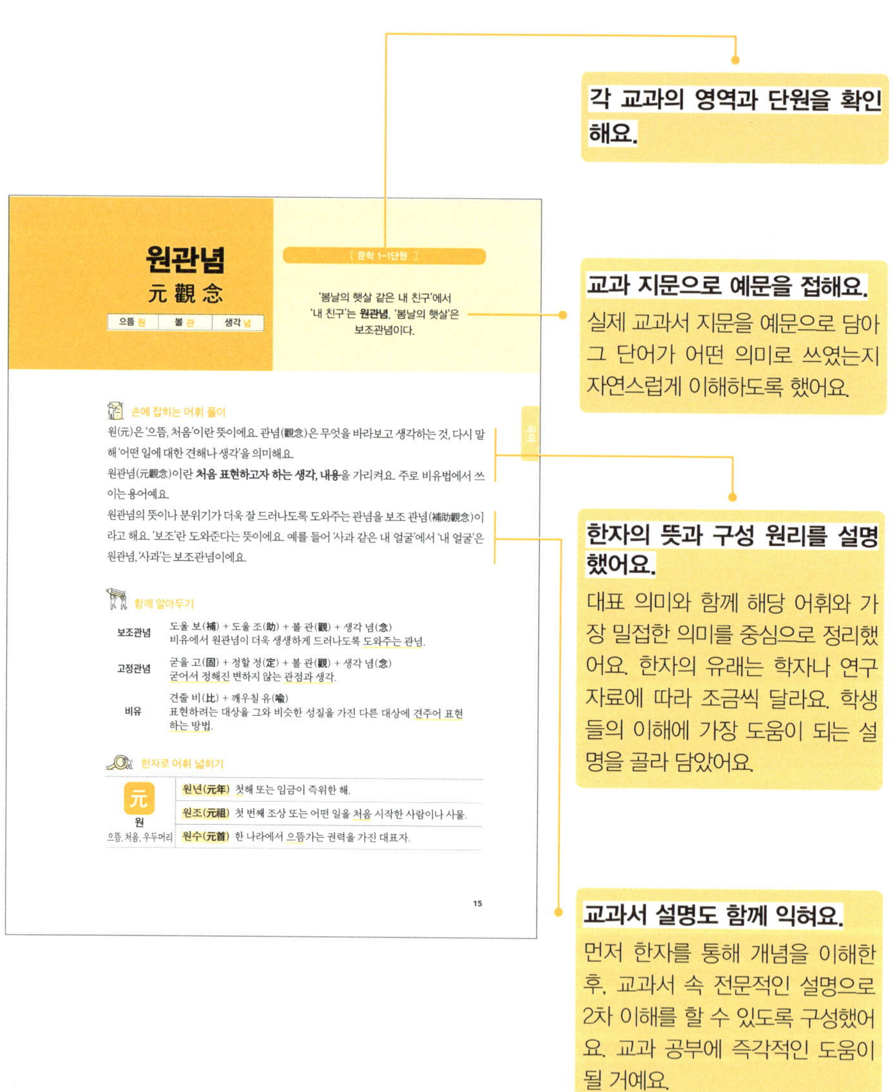

그동안 한자를 배우지 않았다고 해서, 배웠지만 기억이 잘 나지 않는다고 해서, 걱정할 필요없어요. 모든 한자를 다 외워야 하는 것도 아니에요. 이 책을 읽으며 새롭게 알게 된 부분에 밑줄을 긋고, '아, 그렇구나.' 하고 고개를 끄덕이며 따라오기만 해도 충분해요. 그러다 보면 어느새 교과서 한 권을 정리한 것처럼 머릿속에 개념어 지도가 선명하게 그려질 거예요.

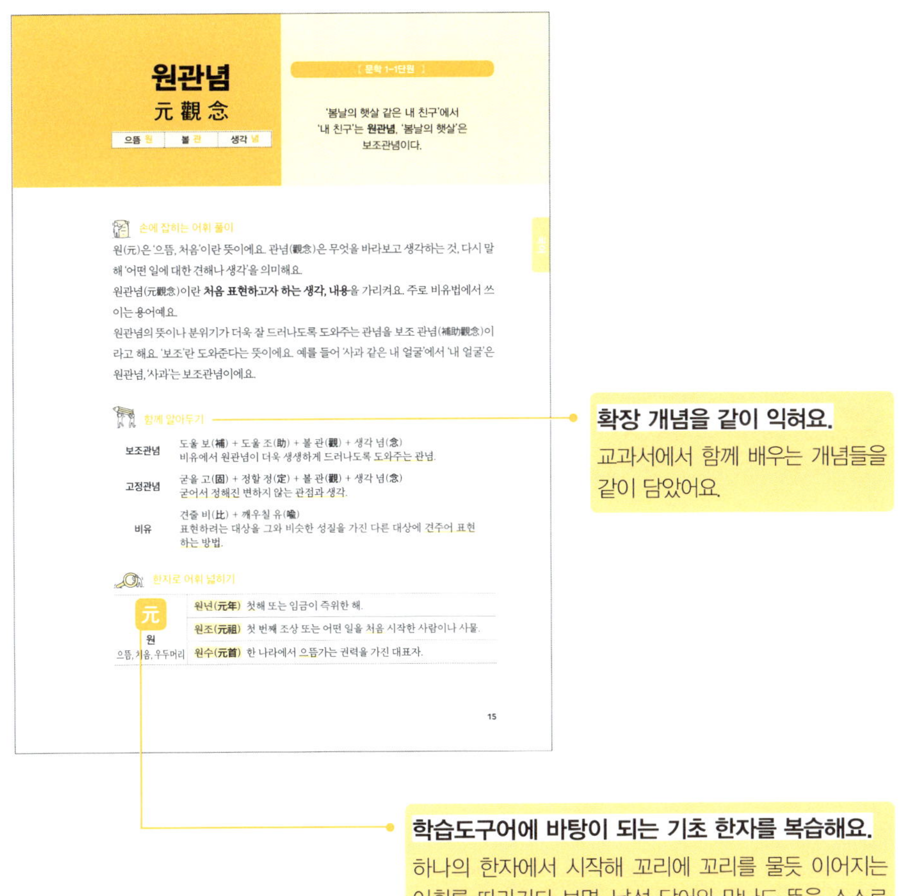

확장 개념을 같이 익혀요.
교과서에서 함께 배우는 개념들을 같이 담았어요.

학습도구어에 바탕이 되는 기초 한자를 복습해요.
하나의 한자에서 시작해 꼬리에 꼬리를 물듯 이어지는 어휘를 따라가다 보면, 낯선 단어와 만나도 뜻을 스스로 유추해 내는 힘을 갖게 될 거예요.

차례

4장 역사

5장 수학, 기술·가정, 도덕

1장

국어

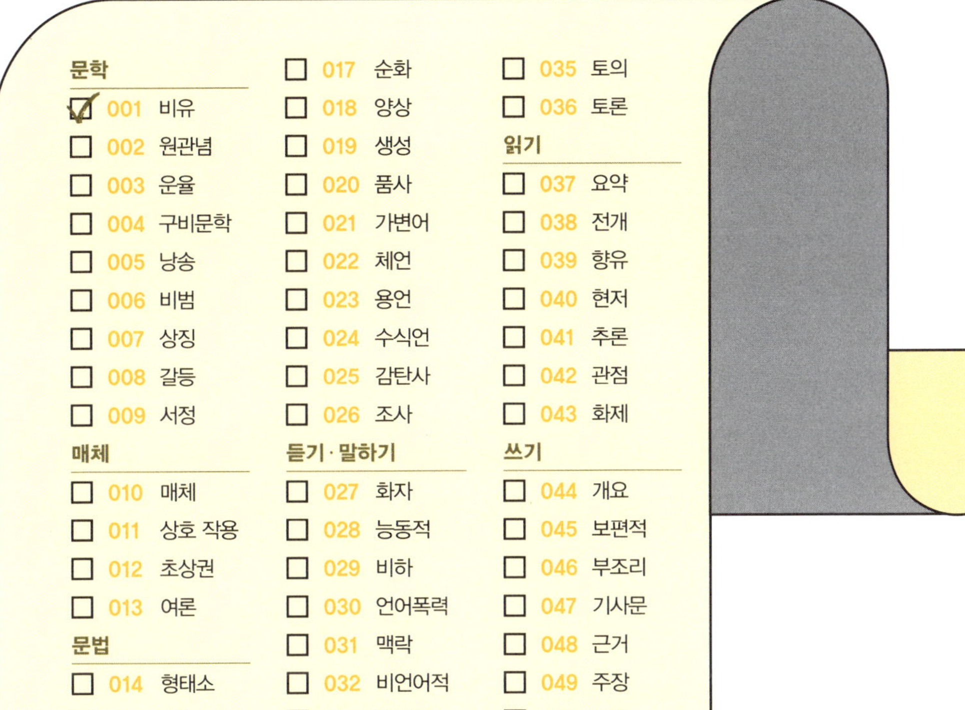

비유
比 喻

| 견줄 비 | 깨우칠 유 |

시에 **비유**가 쓰이니
훨씬 생생한 효과를 느낄 수 있어.

손에 잡히는 어휘 풀이

비(比)는 두 사람이 어깨를 나란히 하고 앉아 있는 모습을 본뜬 글자예요. 두 사물의 같고 다른 점을 알기 위해 서로 견주어 본다는 뜻을 갖고 있지요. 유(喻)는 '깨우치다, 가르쳐 주다'란 뜻이에요.

비유(比喻)란 **어떤 대상을 그와 비슷한 성질을 가진 다른 대상에 빗대어 표현하는 것**을 말해요. 예를 들어 '솜사탕 같은 구름'은 구름을 그와 모양이 비슷한 솜사탕에 비유한 표현이에요.

함께 알아 두기

직유법	곧을 직(直) + 깨우칠 유(喻) + 법 법(法) 비슷한 성질이나 모양을 가진 두 사물을 '처럼', '같이' 등의 연결어로 결합해 직접 비유하는 수사법.
은유법	숨길 은(隱) + 깨우칠 유(喻) + 법 법(法) 사물의 상태나 움직임을 '처럼', '같이' 등의 연결어 없이 본뜻을 숨겨서 비유하는 수사법.
의인법	비길 의(擬) + 사람 인(人) + 법 법(法) 사람이 아닌 것을 사람에 비겨 사람이 행동하는 것처럼 표현하는 수사법.

한자로 어휘 넓히기

比 비 견주다, 나란히 하다	
	비교(比較) 두 개 이상의 사물을 견주어 봄.
	비견(比肩) 어깨를 나란히 함, 서로 비슷한 위치에서 견줌.
	비율(比律) 어떤 수나 양을 다른 수나 양에 견주어 본 값.

원관념

元 觀 念

으뜸 원	볼 관	생각 념

'봄날의 햇살 같은 내 친구'에서
'내 친구'는 **원관념**, '봄날의 햇살'은
보조관념이다.

 ### 손에 잡히는 어휘 풀이

원(元)은 '으뜸, 처음'이란 뜻이에요. 관념(觀念)은 무엇을 바라보고 생각하는 것, 다시 말해 '어떤 일에 대한 견해나 생각'을 의미해요.

원관념(元觀念)이란 **처음 표현하고자 하는 생각, 내용**을 가리켜요. 주로 비유법에서 쓰이는 용어예요.

원관념의 뜻이나 분위기가 더욱 잘 드러나도록 도와주는 관념을 보조 관념(補助觀念)이라고 해요. '보조'란 도와준다는 뜻이에요. 예를 들어 '사과 같은 내 얼굴'에서 '내 얼굴'은 원관념, '사과'는 보조관념이에요.

 ### 함께 알아 두기

고정관념	굳을 고(固) + 정할 정(定) + 볼 관(觀) + 생각 념(念) 굳어서 정해진 변하지 않는 관점과 생각.
비유	견줄 비(比) + 깨우칠 유(喩) 표현하려는 대상을 그와 비슷한 성질을 가진 다른 대상에 견주어 표현하는 방법.

  ### 한자로 어휘 넓히기

元 **원** 으뜸, 처음, 우두머리	원년(**元年**) 첫해 또는 임금이 즉위한 해.
	원조(**元祖**) 첫 번째 조상 또는 어떤 일을 처음 시작한 사람이나 사물.
	원수(**元首**) 한 나라에서 으뜸가는 권력을 가진 대표자.

운율
韻 律

운 운	법칙 률(율)

운율은 같거나 비슷한 소리의 반복으로
만들어지는구나.

손에 잡히는 어휘 풀이

운(韻)에는 소리 음(音)이 들어 있어요. 말에서 느껴지는 '소리의 기운'을 의미하지요. 률(律)은 '법칙'이란 뜻이에요.

운율(韻律)이란 말소리의 반복, 길고 짧음, 높낮이를 통해 느낄 수 있는 **말소리의 일정한 법칙, 리듬**이에요. 따라서 산문보다 시에서 매우 중요한 역할을 해요. 시가 노래 가사로 자주 쓰이는 이유도 운율이 있기 때문이에요.

함께 알아 두기

각운	다리 각(脚) + 운 운(韻) 다리처럼 시의 끝 부분에서 같은 소리가 반복되어 생기는 운율.
내재율	안 내(內) + 있을 재(在) + 법칙 률/율(律) 겉으로 드러나지 않지만 시 안에 있어 느껴지는 운율. 주로 정서나 어조를 통해 자연스럽게 전달된다.
외형률	바깥 외(外) + 모양 형(形) + 법칙 률/율(律) 글자 수, 반복 등을 통해 겉으로 드러나는 운율.

한자로 어휘 넓히기

律 률 법칙, 규칙	율동(律動) 일정한 규칙(리듬)에 따라 움직임.
	규율(規律) 일정한 규칙과 질서.
	이율배반(二律背反) 두 가지 법칙이 서로 반대됨.

구비문학

口碑文學

입 구	비석 비	글월 문	배울 학

전설이나 민담과 같은 **구비문학**을 통해 우리 민족의 전통적인 삶과 지혜를 이해할 수 있어.

 ### 손에 잡히는 어휘 풀이

구(口)는 '입'이란 뜻이에요. 비(碑)는 '비석'이란 뜻이지요. 여기서는 비석에 새기듯 오랫동안 기억한다는 의미로 활용되어 쓰였어요.

구비문학(口碑文學)이란 **입에서 입으로 전해 내려오는 문학**을 의미해요. 문자로 기록되지 않고 사람들의 말과 기억을 통해서 전해지는 문학이에요. 구전(口傳)문학이라고도 하지요. 구비문학에는 설화, 민요, 판소리, 속담 등이 있어요.

 ### 함께 알아 두기

문학	글월 문(**文**) + 배울 학(**學**) 글에 관한 학문. 인간의 감정과 사상을 언어로 표현한 예술.
설화	말씀 설(**說**) + 말씀 화(**話**) 말로 전해지는 이야기. 신화, 전설 민담 등.
민요	백성 민(**民**) + 노래 요(**謠**) 민중 사이에 자연적으로 생겨나 전해 내려오는 노래, 아리랑, 강강술래 등.

 ### 한자로 어휘 넓히기

口 구 입	**구강(口腔)** 입에서 목구멍에 이르는 입안.
	구두(口頭) 입으로 하는 것. 예) 구두 약속, 구두 계약.
	구술(口述) 입으로 말함. 예) 구술 시험.

낭송
朗 誦

| 밝을 랑(낭) | 외울 송 |

시를 **낭송**하는 것은
작품의 의미를 이해하는 데 도움이 된다.

 ### 손에 잡히는 어휘 풀이

랑(朗)은 '밝다, 소리가 맑다'라는 뜻이에요. '랑'이 맨 앞에 나오면 두음법칙에 따라 '낭'
이라고 읽어요. 송(誦)은 '외우다, 소리 내어 읽다'라는 의미예요.

낭송(朗誦)이란 **글이나 시를 소리 내어 읽으며 감정을 담아 표현하는 것**을 뜻해요. 주로
시의 운율을 살려 아름답게 읽는 행위를 가리켜요.

낭송할 때는 시의 분위기나 화자의 감정을 파악하고, 정확한 발음과 억양을 살려 읽는 것이
중요해요. 낭송을 하면 작품의 의미를 잘 이해하고 오랫동안 기억하는 데 도움이 돼요.

 ### 함께 알아 두기

낭독	밝을 랑/낭(**朗**) + 읽을 독(**讀**) 글을 또렷하고 정확하게 소리 내어 읽는 것.
암송	어두울 암(**暗**) + 외울 송(**誦**) 글이나 시를 외워서 소리 내어 말하는 것.
억양	누를 억(**抑**) + 오를 양(**揚**) 말소리의 리듬과 높고 낮음.

 ### 한자로 어휘 넓히기

朗 랑 밝다, 환하다	낭랑(**朗朗**) 목소리가 밝고 뚜렷한 모양.
	명랑(**明朗**) 밝고 환한 분위기 혹은 성격.
	낭보(**朗報**) 밝고 기쁜 소식.

비범
菲 凡

| 아닐 비 | 평범할 범 |

허생은 글공부에 힘쓰지 않았으나,
그 재주가 **비범**하여 일찍이 세상 사람들과는
다른 눈으로 세상을 바라보았다

 손에 잡히는 어휘 풀이

비(菲)는 '~가 아니다'라는 뜻을 가진 부정사예요. 범(凡)은 '모두, 평범'을 뜻하며, 여기서는 보통 수준이나 일반적인 것을 의미해요.

비범(菲凡)이란 **평범하지 않고, 보통 수준보다 훨씬 뛰어난 상태**를 말해요. 비슷한 뜻의 표현으로 '특출나다, 뛰어나다', '남다르다' 등이 있어요. 문학 작품에서는 어떤 인물의 특징이나 능력을 설명할 때 주로 쓰여요.

 함께 알아 두기

특출나다	다를 특(特) + 나갈 출(出) + 나다 남들보다 뛰어나 겉으로 두드러지다.
출중하다	나갈 출(出) + 무리 중(衆) + 하다 여러 사람 중에서 특별히 두드러지다.
범상하다	평범할 범(凡) + 항상 상(常) + 하다 평범하고 예사롭다.

 한자로 어휘 넓히기

凡 **범** 무릇, 모두, 평범하다	**백범(白凡)** 김구 선생의 호로 평범한 백성을 뜻함.
	범부(凡夫) 특별하지 않은 보통 사람.
	삼자범퇴(三者凡退) 야구에서 한 회에 타자들이 모두 출루하지 못함.

상징
象 徵

모양 상	부를 징

네잎 클로버는 행운의 **상징**이야.

 손에 잡히는 어휘 풀이

상(象)은 원래 코끼리의 모습을 본뜬 글자로 '모양'을 뜻해요. 징(徵)은 숨겨져 있는 것을 겉으로 불러내어 밝히거나 나타낸다는 뜻이에요.

상징(象徵)은 **눈에 보이지 않는 추상적인 생각을 구체적인 모양으로 나타내는 것**을 말해요. 예를 들어 '네잎 클로버는 행운의 상징이다'라는 문장에서는 행운이라는 추상적 개념을 네잎 클로버라는 구체적 사물로 표현했어요.

 함께 알아 두기

구체	갖출 구(具) + 몸 체(體) 직접 경험하거나 알 수 있도록 일정한 몸(형태)을 갖춤.
추상	뽑을 추(抽) + 모양 상(象) 여러 가지 사물이나 현상에서 뽑아낸 공통된 성질이나 특성.

 한자로 어휘 넓히기

象 상 코끼리, 모양	상아(象牙) 코끼리의 엄니.
	형상(形象) 사물의 생긴 모양.
	천태만상(千態萬象) 천 가지 모습, 만 가지 모양. 세상 사물이 모두 제각기 다름.

갈등
葛 藤

| 칡 갈 | 등나무 등 |

문학 작품에서 **갈등**은 사건을 전개하고
독자의 흥미를 불러일으키는 역할을 한다.

 **손에 잡히는 어휘 풀이**

갈(葛)은 '칡'을, 등(藤)은 '등나무'를 가리켜요. 둘 다 덩굴 식물이지만 서로 다른 방향으로 나무를 휘감아 올라가요. 그래서 두 식물이 함께 있으면 서로 복잡하게 얽혀 자라게 되지요.

갈등(葛藤)은 마치 칡과 등나무처럼 **인물의 마음속 또는 인물과 인물, 인물과 환경이 서로 복잡하게 얽혀 있는 상태**를 가리켜요. 개인 또는 집단 사이에서 서로 생각이나 입장, 이해하는 정도가 달라 대립하거나 다투면서 갈등이 생겨나요. 갈등은 인간 사회에서 자연스럽게 발생하는 현상이에요.

 **함께 알아 두기**

대립	대할 대(對) + 설 립/입(立) 서로 맞서거나 반대가 됨.
내적 갈등	안 내(內) + 과녁 적(的) + 칡 갈(葛) + 등나무 등(藤) 등장인물의 내면에서 일어나는 심리적 갈등.
외적 갈등	바깥 외(外) + 과녁 적(的) + 칡 갈(葛) + 등나무 등(藤) 외적 요소로 인해 일어나는 갈등으로 인물과 인물, 인물과 환경 사이에 일어나는 갈등.

 **한자로 어휘 넓히기**

葛 갈 칡	갈근(葛根) 칡뿌리.
	갈피(葛皮) 칡덩굴을 벗긴 껍질.
	갈분(葛粉) 칡뿌리를 찧어 말린 가루.

서정
抒 情

펼 서	뜻 정

정서를 표현한 **서정**적인 글을 읽으면
감정을 이해하고 표현하는
능력을 키울 수 있다.

 **손에 잡히는 어휘 풀이**

서(抒)는 무엇인가를 펼쳐 드러내 보인다는 뜻이에요. 정(情)은 마음으로 느낀 것, 즉 '감정'을 의미해요.

서정(抒情)이란 **개인의 감정이나 정서를 아름답고 솔직하게 드러내는 것**을 의미해요. 문학 작품에서 감정을 담아내는 중요한 요소 중 하나예요. 감성이 풍부하고 감정을 잘 표현한 작품을 서정적이라고 해요. 서정은 주로 시, 소설, 수필, 노래 가사 등 다양한 예술 분야에서 중요한 역할을 해요. 서정과 대비되는 개념으로 서사가 있어요.

 **함께 알아 두기**

서사	펼 서(敍) + 일 사(事) 사건을 중심으로 인과관계에 따라 이야기를 전개함.
정서	뜻 정(情) + 실마리 서(緖) 마음속 감정의 실마리.
감수성	느낄 감(感) + 받을 수(受) + 성질 성(性) 자극이나 감정을 예민하게 받아들이는 특성.

 **한자로 어휘 넓히기**

情
정
마음, 감정

동정(同情)	다른 사람의 슬픔이나 어려움을 함께 느끼는 것.
표정(表情)	겉으로 드러난 마음.
온정(溫情)	따뜻한 마음과 사랑.

매체

媒 體

중매할 매	몸 체

과학 기술의 발전으로
매체와 우리의 소통방식은
계속 변화했다.

 손에 잡히는 어휘 풀이

매(媒)는 원래 결혼이 잘 이루어지도록 중간에서 소개하는 '중매'를 뜻하는 글자예요. 그 의미가 넓어져서 꼭 사람이 아니더라도 양쪽 사이를 연결해 주는 일을 '매'라고 부르게 되었어요. 체(體)는 우리 몸처럼 구체적인 형태를 가진 물체를 뜻해요.

매체(媒體)란 **양측을 연결하는 역할을 하는 물체나 수단**을 의미해요. 누군가에게 소식이나 정보를 전하고 싶을 때 그것을 담아서 전달해 주는 전화기, 책, TV, 인터넷 같은 수단이 바로 매체예요.

 함께 알아 두기

대중매체
큰 대(大) + 무리 중(衆) + 중매할 매(媒) + 몸 체(體)
신문, 영화, 텔레비전 등 여러 사람에게 많은 정보와 생각을 전달하는 매체.

매개체
중매할 매(媒) + 낄 개(介) + 몸 체(體)
둘 사이에서 어떤 일을 맺어 주는 것.

 한자로 어휘 넓히기

媒
매
중매하다, 연결하다

촉매(觸媒) 접촉하여 변화하도록 연결함. 자신은 변하지 않으면서 다른 물질의 화학반응을 빠르거나 느리게 만드는 물질.

용매(溶媒) 녹여서 연결함. 어떤 액체에 물질을 녹여 용액을 만들 때 사용하는 액체.

매질(媒質) 어떤 파동이나 물리적 작용을 다른 곳으로 연결하는 물질.

상호 작용
相互 作用

| 서로 상 | 서로 호 | 지을 작 | 쓸 용 |

상호 작용적 매체의 종류에는 블로그, 사회 관계망 서비스(SNS) 등이 있다.

 손에 잡히는 어휘 풀이

상호(相互)란 서로 상(相)과 서로 호(互)가 합쳐진 단어로, 이쪽과 저쪽이 마주본다는 뜻이에요. 작용(作用)은 무언가를 만들어 내고, 힘을 사용한다는 뜻이지요.

상호 작용(相互作用)이란 둘 이상의 대상이 **함께 어떤 현상을 만들어 내거나 영향을 미치는 모든 과정과 방식**을 의미하는 단어예요.

상호 작용적 매체란 주로 온라인상에서 사용자와 매체가 서로 영향을 주고받으며 활발하게 소통할 수 있는 매체를 말해요.

 함께 알아 두기

소통	소통할 소(疏) + 통할 통(通) 막히지 않고 잘 통함.
쌍방향	쌍 쌍(雙) + 모 방(方) + 향할 향(向) 양쪽으로 서로 향함.
일방향	하나 일(一) + 모 방(方) + 향할 향(向) 어느 한쪽으로만 향함.

 한자로 어휘 넓히기

相 상 서로	상담(相談) 어떤 문제를 해결하기 위해 서로 이야기함.
	상대(相對) 서로 마주 대함.
	상부상조(相扶相助) 서로 도움.

초상권
肖 像 權

닮을 초	모양 상	권세 권

사회 관계망 서비스로 소통할 때는 개인정보 유출이나 **초상권** 침해와 같은 문제가 생길 수 있으니 주의해야 한다.

손에 잡히는 어휘 풀이

초상(肖像)이란 사람의 모습을 닮은 사진이나 그림을 말해요. 권(權)은 '권력'이란 의미뿐만 아니라 '권리', 즉 무엇을 할 수 있는 힘이란 뜻을 갖고 있어요.

초상권(肖像權)이란 **자신의 모습이 담긴 사진이나 그림, 영상을 등을 허락 없이 다른 사람이 사용하지 못하도록 보호하는 권리**를 말해요. 여기에는 개인의 얼굴, 신체, 외모 등이 포함돼요. SNS처럼 온라인에서 상호작용이 활발한 매체를 사용할 때는 저작권이나 초상권 등 다른 사람의 권리를 침해하지 않도록 주의해야 해요.

함께 알아 두기

저작권
지을 저(著) + 지을 작(作) + 권세 권(權)
창작자가 자신의 창작물을 보호받을 수 있는 권리.

침해
침노할 침(侵) + 해칠 해(害)
남의 영역에 함부로 들어가 해를 끼침.

유출
흐를 류/유(流) + 나갈 출(出)
정보나 물건이 보호되지 않고 밖으로 흘러 나감.

한자로 어휘 넓히기

權
권
권세, 권리

인권(人權)	사람이면 누구나 가지는 기본 권리.
기권(棄權)	부여받은 권리를 포기함.
기득권(旣得權)	이미 가지고 있는 권리나 이익.

여론
輿 論

| 수레 여 | 논할 론(논) |

여론은 방송, 신문, SNS 등
여러 매체를 통해서 형성되고 퍼질 수 있다.

 ### 손에 잡히는 어휘 풀이

여(輿)는 '수레, 많은 사람'을 뜻해요. 론(論)은 '의견을 나누고 논의한다'라는 뜻이지요. 여론(輿論)이란 **많은 사람의 공통된 의견**을 의미해요. 단순한 개인의 생각이 아니라 사회적으로 형성된 다수의 의견을 가리켜요. 어떤 사건이나 문제에 대해 여러 사람이 이야기하고 의견이 모이면 그것이 곧 여론이 돼요. 흔히 대중 여론, 정치 여론 등의 용어로 많이 쓰여요.

 ### 함께 알아 두기

대중	큰 대(**大**) + 무리 중(**衆**) 사회를 구성하는 대다수의 사람.
민심	백성 민(**民**) + 마음 심(**心**) 국민 또는 일반 대중의 마음과 생각.
SNS	social networking service 사회 관계망 서비스, 온라인상에서 여러 사람과 관계를 맺을 수 있는 서비스.

 ### 한자로 어휘 넓히기

論 론 논의하다	**언론(言論)** 매체를 통하여 정보를 전달하고 여론을 형성하는 활동.
	공론(公論) 여럿이 함께 논의하여 형성한 의견.
	논쟁(論爭) 어떤 주제를 가지고 논의하며 다툼.

형태소

形態素

모양 형	모양 태	바탕 소

단어를 **형태소**로 나눈 다음,
각 형태소의 뜻을
국어사전에서 찾아볼 수 있다.

 **손에 잡히는 어휘 풀이**

형태(形態)는 눈에 보이는 '모양'을 뜻하고, 소(素)는 어떤 바탕이 되는 '근본 재료(요소)'를 뜻해요.

형태소(形態素)란 일정한 모양과 뜻을 가진 말의 가장 작은 재료라는 뜻으로, 국어 문법에서는 **뜻을 가진 가장 작은 말의 단위**를 가리켜요. 문장에서 홀로 쓰일 수 있는 말을 단어라고 해요. 이 단어를, 뜻을 가진 더 작은 단위로 나눈 것이 형태소예요. 형태소는 홀로 쓰일 수 있느냐 없느냐에 따라 자립 형태소와 의존 형태소로 나뉘어요.

 **함께 알아 두기**

단어	홑 단(**單**) + 말씀 어(**語**) 홀로 쓰일 수 있는 말이나 앞말에서 쉽게 분리할 수 있는 말.
자립 형태소	스스로 자(**自**) + 설 립/입(**立**) + 형태소 혼자서도 문장에서 쓰일 수 있는 형태소. 예) 산, 나무, 밥, 학교 등.
의존 형태소	의지할 의(**依**) + 있을 존(**存**) + 형태소 다른 말에 기대어야 문장에서 의미를 가지는 형태소. 예) -다, -에, -가 등.

  **한자로 어휘 넓히기**

形 형 모양, 모습	형식(**形式**) 일정한 모양이나 틀.
	무형(**無形**) 눈에 보이는 형태가 없는 것 .
	상형(**象形**) 사물의 모습이나 형태를 본뜸.

어근
語 根

| 말씀 어 | 뿌리 근 |

'한여름'에서 '한'은 접사,
'여름'은 **어근**으로 나누어 볼 수 있다.

 **손에 잡히는 어휘 풀이**

근(根)은 나무나 풀의 '뿌리'를 뜻해요.

어근(語根)이란 말의 뿌리라는 뜻으로, 단어에서 **핵심적인 의미를 담고 있는 부분**이에요. 뿌리처럼 단어의 핵심적 역할을 한다는 뜻에서 만들어진 단어지요.

단어를 쪼개 보았을 때, 중심 의미를 가진 부분을 '어근'이라 하고, 어근의 앞이나 뒤에 붙어 뜻을 더해 주거나 바꾸어 주는 부분을 '접사'라고 해요.

 **함께 알아 두기**

단일어	홑 단(**單**) + 하나 일(**一**) + 말씀 어(**語**) 하나의 말이란 뜻으로, 하나의 어근으로 이루어져 더 이상 쪼개지지 않은 형태의 단어. 예) 나무, 바람, 크다, 가다 등.
복합어	겹칠 복(**複**) + 합할 합(**合**) + 말씀 어(**語**) 겹치고 합하여 만든 말이란 뜻으로, 둘 이상의 어근 또는 어근과 접사로 이루어진 단어. 예) 강물, 손목, 작아지다, 치솟다 등.

 **한자로 어휘 넓히기**

根
근
뿌리, 기초

근원(**根源**)	나무의 뿌리와 물이 나오기 시작한 곳, 사물의 시작과 기초.
근절(**根絶**)	뿌리째 없애 버림.
모근(**毛根**)	털의 뿌리 부분.

접사

接 辭

| 이을 접 | 말씀 사 |

접사는 어근의 앞이나
뒤에 붙을 수 있다.

 손에 잡히는 어휘 풀이

접(接)은 '잇다' 또는 '붙다'를, 사(辭)는 '말'을 뜻해요.

접사(接辭)란 **어근의 앞이나 뒤에 이어 붙어 뜻을 더해 주는 말**이에요. 단어를 이루는 형태소는 어근과 접사로 나뉘어요. 실질적인 뜻을 나타내는 부분을 어근, 앞뒤에 연결된 부분을 접사라고 해요. 접사에는 접두사와 접미사가 있어요.

 함께 알아 두기

접두사	이을 접(**接**) + 머리 두(**頭**) + 말씀 사(**辭**) 어근의 앞에 붙어서 뜻을 더하는 접사. 예를 들어 '여름'에 '한창'을 의미하는 접두사 '한'이 붙으면 여름의 가장 더운 시기를 의미한다.
접미사	이을 접(**接**) + 꼬리 미(**尾**) + 말씀 사(**辭**) 어근의 뒤에 붙어서 뜻을 더하는 접사. 예를 들어 '장난'에 접미사 '꾸러기'가 붙으면 장난이 지나치게 심한 사람을 뜻한다.

 한자로 어휘 넓히기

接
접
잇다, 닿다

간접(**間接**)	중간에서 둘 사이를 이어 줌.
접속(**接續**)	서로 맞대어 이어 줌.
접착(**接着**)	두 물체의 표면을 이어 붙임.

순화
醇化

순수할 순	될 화

공공 용어에서 외국어가
무분별하게 사용되는 것에 문제의식을 느껴
지난해부터 한글문화연대는
전문 용어 **순화** 작업을 진행하고 있다.

 **손에 잡히는 어휘 풀이**

순(醇)은 원래 섞인 것이 없는 진국의 술을 뜻했는데, 그 의미가 확장되어 '깨끗하다, 순수하다'라는 뜻으로 쓰이게 되었어요. 화(化)는 '변화하다, ~이 되다'라는 뜻이에요.
순화(醇化)란 **잡스러운 것을 걸러서 순수하게 만드는 것**을 의미해요. 흔히 '언어를 순화한다'는 표현은 언어를 더 순수하고 바른 형태로 변화시킨다는 뜻이에요. 불필요한 외래어나 어려운 말, 부적절한 표현을 없애고 우리말을 쉽고 자연스럽게 다듬는 과정이라고 할 수 있어요.

 **함께 알아 두기**

외래어	바깥 외(**外**) + 올 래(**來**) + 말씀 어(**語**) 외국에서 들어와 우리말처럼 쓰는 말.
은어	숨길 은(**隱**) + 말씀 어(**語**) 특정 집단에서만 쓰는 비밀스러운 말.
비속어	낮을 비(**卑**) + 풍속 속(**俗**) + 말씀 어(**語**) 품위가 낮고 속된 말.

  **한자로 어휘 넓히기**

化 화 변화하다, ~이 되다	
	소화(**消化**) 음식을 몸에서 분해하고 흡수하기 쉽게 변화하는 과정.
	퇴화(**退化**) 이전보다 기능이 약해지거나 못한 상태로 변화함.
	화석(**化石**) 옛날 생물의 뼈나 몸의 흔적이 돌로 변해 남아 있는 것.

양상
樣 相

모양 양	모습 상

어휘는 세대, 분야, 매체에 따라
다양한 **양상**으로 나타난다.

 **손에 잡히는 어휘 풀이**

양(樣)은 겉으로 드러난 '모양'을 뜻해요. 상(相)은 '서로'라는 뜻뿐만 아니라 '모습'이라는 뜻도 갖고 있어요. 예를 들어 얼굴 생김새를 보고 운명, 성격, 수명 등을 판단하는 일을 뜻하는 '관상(觀相)'에서 '상'은 '모습'을 의미해요.

양상(樣相)이란 **사물 및 현상의 모양이나 상태**를 가리켜요. 문맥에 따라 다양한 방식으로 쓰이지만 국어 교과서에서는 언어, 문학, 의사소통 방식의 변화를 설명할 때 자주 쓰여요.

 **함께 알아 두기**

어휘	말씀 어(語) + 무리 휘(彙) 일정한 범위 안에 들어 있는 단어의 무리, 집합.
문맥	글월 문(文) + 줄기 맥(脈) 글의 줄기, 글에 표현된 의미의 앞뒤 연결 관계.
상황	모양 상(狀) + 모양 황(況) 일이 되어 가는 모습이나 형편.

 **한자로 어휘 넓히기**

樣 양 모양, 상태	다양(多樣) 모양과 종류가 여러 가지인 것.
	문양(文樣) 특정한 모양을 이루는 무늬.
	각양각색(各樣各色) 각각의 여러 가지 모양.

35

생성
生 成

날 생	이룰 성

어휘는 끊임없이 **생성**, 소멸, 발전하므로
세대에 따른 어휘 사용 양상을
이해하고 서로 존중해야 한다.

 손에 잡히는 어휘 풀이

생(生)은 '태어나다, 생겨나다'라는 뜻이에요. 생명력과 시작을 상징하지요. 성(成)은 '이루어지다, 완성하다'를 의미해요. 시작된 것이 비로소 제 형태를 갖추었음을 뜻하지요. 생성(生成)이란 **어떤 사물이나 현상 혹은 새로운 생각이 처음으로 만들어져서 그 모습을 갖추는 과정**이에요. 자연, 사회, 과학, 언어 등 여러 분야에서 사용하는 말이지요.

 함께 알아 두기

소멸	사라질 소(消) + 없어질 멸(滅) 어떤 것이 점점 줄어들거나 사라지고 없어짐.
발전	필 발(發) + 펼 전(展) 펼쳐 나아감. 더 좋은 상태나 단계로 나아감.
신조어	새로울 신(新) + 지을 조(造) + 말씀 어(語) 새롭게 만들어진 말. 새말이라고도 한다.

 한자로 어휘 넓히기

成 성 이루다	완성(完成) 부족함 없이 완전하게 이룸.
	성공(成功) 목표한 바를 이룸.
	대기만성(大器晚成) 크게 될 사람은 늦게 이루어짐.

품사
品 詞

물건 **품**	말씀 **사**

품사는 형태가 변하는지,
어떤 기능을 하는지,
어떤 의미를 나타내는지에 따라 나눌 수 있다.

 **손에 잡히는 어휘 풀이**

품(品)은 물건이 쌓여 있는 모습을 나타낸 글자로, '물건' 또는 '물건의 종류'를 뜻해요. 사(詞)는 '말, 단어'를 뜻해요.

품사(品詞)란 단어를 여러 종류로 나누어 분류한 것이에요. **공통된 성질을 가진 단어끼리 모아 놓은 갈래**이지요. 단어는 형태, 기능, 의미에 따라 명사, 대명사, 수사, 동사, 형용사, 관형사, 부사, 조사, 감탄사 등 9가지로 분류해요.

 **함께 알아 두기**

문법	글월 문(**文**) + 법 법(**法**) 글을 만드는 법칙으로 단어, 문장 어휘 등에 관한 규칙.
분류	나눌 분(**分**) + 무리 류(**類**) 대상을 기준에 따라 나누거나 종류별로 묶어 설명하는 방식.
갈래	하나에서 둘 이상으로 갈라져 나간 부분.

 **한자로 어휘 넓히기**

 **품** 물건, 종류를 나누다	용품(**用品**) 목적에 따라 쓰이는 물품.
	품절(**品切**) 물건이 다 팔리고 없음.
	골품제(**骨品制**) 혈통에 따라 신분을 나눔. 신라 시대 신분 제도.

가변어

可變語

옳을 가	변할 변	말씀 어

품사는 형태가 변하지 않는지
변하는지에 따라
가변어와 불변어로 나눌 수 있다.

 **손에 잡히는 어휘 풀이**

가(可)는 '옳다, ~할 수 있다'라는 뜻이에요. 변(變)에는 실 사(糸)가 들어 있는데, 꼬이거나 얽힌 실을 풀어서 변화시키는 것처럼 변화를 일으킨다는 의미가 담겨 있어요.
가변어(可變語)란 **문장에서 쓰임에 따라 형태가 변할 수 있는 단어**를 의미해요. 품사는 형태의 변형에 따라 크게 가변어와 불변어로 나뉘어요. 예를 들어 '가다'라는 동사는 쓰임에 따라 갔다, 간다 등으로 어미가 변해요. 이런 단어를 가변어라고 해요.

 **함께 알아 두기**

불변어	아닐 불(不) + 변할 변(變) + 말씀 어(語) 문장에 형태가 변하지 않는 단어. 주로 명사, 대명사와 같은 체언이 불변어에 해당한다.
어미	말씀 어(語) + 꼬리 미(尾) 동사나 형용사 등의 어간 뒤에 붙어 변하는 부분.
어간	말씀 어(語) + 줄기 간(幹) 동사나 형용사 등에서 변하지 않는 말의 줄기와 같은 부분.

 **한자로 어휘 넓히기**

可 **가** 옳다, ~할 수 있다	**가능(可能)** 능히 할 수 있음.
	불가(不可) 무엇을 할 수 없음. 가능하지 않음.
	가망(可望) 기대할 수 있음.

체언
體言

몸 체	말씀 언

문장에서 주로 주어, 목적어 등으로 쓰이는 명사, 대명사, 수사를 묶어 **체언**이라고 한다.

 손에 잡히는 어휘 풀이

체(體)는 '몸'이란 뜻이에요. 뼈 골(骨)과 풍성할 풍(豊)이 결합된 글자로 뼈와 살이 갖춰진 튼튼한 몸이란 뜻이지요.

체언(體言)이란 말의 몸통, 즉 **문장에서 중심이 되는 주어, 목적어 역할을 하는 말**이에요. 9개의 품사 중 명사, 대명사, 수사를 묶어서 체언이라고 해요. 독립적으로 쓰일 수 있고 문장에서 쓰일 때 형태가 변하지 않아요.

 함께 알아 두기

명사	이름 명(名) + 말씀 사(詞) 사람이나 사물과 같은 대상의 이름을 나타내는 단어.
대명사	대신할 대(代) + 이름 명(名) + 말씀 사(詞) 사람, 사물, 장소와 같은 대상의 이름을 대신 나타내는 단어.
수사	셀 수(數) + 말씀 사(詞) 사물의 수량이나 순서를 나타내는 단어.

 한자로 어휘 넓히기

體 체 몸, 구조, 물체	
	체질(體質) 타고난 몸의 성질.
	체제(體制) 조직의 구조와 방식.
	반도체(半導體) 전기 전도율이 중간 정도인 물체.

용언
用言

쓸 **용**	말씀 **언**

문장에서 주로 서술어 역할을 하는
동사, 형용사를 묶어 **용언**이라고 한다.

 **손에 잡히는 어휘 풀이**

용(用)은 쓰임이 다양한 나무통을 거꾸로 둔 모습을 본뜬 글자예요. '쓰다, 사용하다'라
는 뜻이지요.

용언(用言)이란 **문장에서 주어의 상태나 동작처럼 어떤 쓰임을 나타내는 서술어 역할
을 하는 말**을 가리켜요. 9개 품사 중 동사와 형용사를 묶어서 용언이라고 해요. 용언은
문장에서 형태가 변하는데, 이를 활용이라고 해요. 이때 단어에서 변하지 않는 부분을
어간, 변하는 부분을 어미라고 해요.

 **함께 알아 두기**

동사	움직일 동(**動**) + 말씀 사(**詞**) 대상의 움직임을 나타내는 단어.
형용사	모양 형(**形**) + 얼굴 용(**容**) + 말씀 사(**詞**) 대상의 상태나 성질을 나타내는 단어.
서술어	펼 서(**敍**) + 지을 술(**述**) + 말씀 어(**語**) 문장에서 주어의 동작, 상태, 성질 등을 적은 말.

 **한자로 어휘 넓히기**

 **用** **용** 쓰다, 사용하다	식용(**食用**) 먹는 데 사용하는 것.
	오용(**誤用**) 부적절하게 잘못 사용함.
	남용(**濫用**) 적절한 범위를 넘어 지나치게 사용함.

수식언
修 飾 言

| 닦을 **수** | 꾸밀 **식** | 말씀 **언** |

문장에서 주로 다른 단어를
꾸며 주는 기능을 하는
관형사와 부사를 묶어 **수식언**이라고 한다.

 ### 손에 잡히는 어휘 풀이

수(修)는 닦아서 빛나게 하다라는 뜻이에요. 식(飾)은 예쁘게 꾸미다, 장식하다라는 뜻이지요.

수식언(修飾言)이란 **다른 단어를 꾸며서 뜻을 더욱 자세히 설명해 주는 말**을 뜻해요. 9개의 품사 중 관형사와 부사를 묶어서 수식언이라고 해요. 문장의 뜻을 더 정확하고 풍부하게 만들기 위해 쓰이는 품사로, 문장에서 형태가 변하지 않아요.

 ### 함께 알아 두기

| 관형사 | 갓 관(冠) + 모양 형(形) + 말씀 사(詞)
갓을 쓴 모양처럼 단어의 앞에서 꾸며 주는 말. 명사, 대명사, 수사 등 체언을 꾸며 주는 품사. |
| 부사 | 버금 부(副) + 말씀 사(詞)
부가적인 말이라는 뜻으로 동사, 형용사 등 용언 혹은 문장 전체를 꾸며 주는 품사. |

 ### 한자로 어휘 넓히기

修
수
닦다, 다스리다, 고치다

수련(修鍊)	정신이나 기술을 닦고 익힘.
수리(修理)	고장난 곳을 고침.
수학여행(修學旅行)	학업을 닦고 배우기 위해 떠나는 여행.

감탄사
感 歎 詞

느낄 감	탄식할 탄	말씀 사

감탄사는 문장에서
독립적으로 쓰이는 기능을 하므로
독립언이라고 한다.

 **손에 잡히는 어휘 풀이**

감(感)에는 마음 심(心)이 있어서 마음으로 '느끼다'를 뜻해요. 탄(歎)은 마음속 깊이 느낀 감정을 입으로 나타낸다는 뜻이에요.

감탄사(感歎詞)란 **부름, 대답, 놀람, 기쁨, 슬픔 등을 나타내는 말**이에요. 9개 품사 중 하나로, 문장에서 형태가 변하지 않고 다른 단어와 연결되지 않아요. 예를 들어 '우아, 야, 아휴, 에이'처럼 쉼표나 느낌표와 함께 쓰이거나 의성어, 의태어와 쓰이기도 해요.

 **함께 알아 두기**

독립언	홀로 독(獨) + 설 립/입(立) + 말씀 언(言) 문장에서 다른 단어와 관계 맺지 않고 홀로 쓰이는 단어.
의성어	본뜰 의(擬) + 소리 성(聲) + 말씀 어(語) 사람이나 동물, 자연, 사물 등의 소리를 흉내 내는 말.
의태어	본뜰 의(擬) + 모습 태(態) + 말씀 어(語) 사람이나 사물의 모습이나 움직임을 흉내 내는 말.

 **한자로 어휘 넓히기**

感 감 느끼다	호감(好感) 좋다고 느끼는 감정.
	감동(感動) 깊이 느껴 마음이 움직임.
	반감(反感) 싫거나 거부하고 싶은 느낌.

조사
助 詞

도울 조	말씀 사

조사는 단어들 사이의
문법적 관계를 나타내는
기능을 하므로 관계언이라고 한다.

 ### 손에 잡히는 어휘 풀이

조(助)에는 힘(力)이 있어서, 힘을 보태어 남을 돕는다는 의미를 가져요.

조사(助詞)란 **다른 단어 뒤에 붙어 돕는 역할을 하는 말**이에요. 9개 품사 중 하나로서, 주로 명사, 대명사 같은 체언 뒤에 붙어서 문법적 관계를 나타내거나 의미를 더해 줘요. 홀로 쓰일 수 없으며, 다른 단어에 붙여 써요. 예를 들어 ~가, ~는, 을/를, 과/와 등이 있어요.

*힘 력/역(力)

 ### 함께 알아 두기

관계언	관계할 관(**關**) + 맬 계(**係**) + 말씀 언(**言**) 둘 이상의 단어가 어떤 관련이 있는지 나타내는 말.
격조사	자격 격(**格**)+조사 체언 뒤에서 주어, 서술어 등 자격을 나타내는 조사. 주격 조사, 서술격 조사 등이 있다.
접속조사	이을 접(**接**) + 이을 속(**續**) +조사 단어나 문장을 이어 주는 조사. ~와, ~하고, 및 등이 있다.
보조사	도울 보(**補**) + 조사 특별한 의미를 더해 주는 조사. ~도, ~만 등이 있다.

 ### 한자로 어휘 넓히기

助 조 돕다	
	조수(**助手**) 일을 돕는 사람.
	조연(**助演**) 주인공을 돕는 역할.
	구조(**救助**) 위험에 빠진 사람을 구하여 도움.

화자
話 者

말씀 화	사람 자

[듣기·말하기 1-1단원]

이 작품의 **화자**는 1인칭 주인공 시점으로
자신의 경험을 직접 서술하고 있다.

손에 잡히는 어휘 풀이

화(話)는 '말하다'라는 뜻이에요. 자(者)는 '~하는 사람'을 뜻해요.

화자(話者)란 **말하는 사람**을 의미해요. 담화 상황에서는 청자(聽者)와 대비되는 개념으로, 문맥과 상황에 따라 화자와 청자가 바뀔 수 있어요.

시나 소설과 같은 작품 내에서는 사건이나 감정, 목소리를 전달하는 사람을 뜻해요. 이야기하는 시점에 따라 1인칭 화자, 3인칭 화자 등으로 나뉘어요.

함께 알아 두기

청자
들을 청(聽) + 사람 자(者)
화자의 반대 개념으로, 말을 듣는 사람.

시점
볼 시(視) + 점 점(點)
이야기를 서술하는 화자의 위치 또는 이야기를 보는 관점.

한자로 어휘 넓히기

者 자 ~하는 사람	
독자(讀者)	책, 신문 등 글을 읽는 사람.
가해자(加害者)	다른 사람에게 해를 끼친 사람.
피의자(被疑者)	범죄를 저질렀다고 의심을 받는 사람.

능동적

能 動 的

능할 능	움직일 동	과녁 적

토의를 할 때는 **능동적**인 자세로
자신의 의견을 발표하는 것이 중요하다.

 ## 손에 잡히는 어휘 풀이

능(能)은 '능력, 할 수 있다'라는 뜻이에요. 동(動)은 힘(力)을 써서 무거운 물건을 움직인다, 즉 '움직이다, 행동하다'라는 뜻이에요. 적(的)은 화살을 쏘아 맞히는 과녁이라는 의미가 확장되어 '목표, 목적'을 뜻하는데, 단어 뒤에 붙으면 '~하는 성질을 가진'이란 의미가 돼요.

능동적(能動的)이란 **스스로 판단하고 행동할 수 있는 태도나 성질**을 말해요. 반대말은 '수동적'이에요.

* 힘 력/역(力)

 ## 함께 알아 두기

수동적	받을 수(**受**) + 움직일 동(**動**) + 과녁 적(**的**) 다른 사람의 영향을 받아 행동하는 것.
자발적	스스로 자(**自**) + 필 발(**發**) + 과녁 적(**的**) 남이 시키지 않아도 스스로 하는 것.
적극적	쌓을 적(**積**) + 다할 극(**極**) + 과녁 적(**的**) 끝까지 힘써 열정적으로 행동하는 것.

 ## 한자로 어휘 넓히기

能 능 능하다, 할 수 있다	지능(**知能**) 문제를 알고 이해하는 능력.
	만능(**萬能**) 모든 것을 할 수 있는 능력이나 도구.
	다재다능(**多才多能**) 재주와 능력이 많음.

비하
卑 下

낮을 비	아래 하

우리가 흔히 쓰는 벙어리 장갑이라는 명칭에는
청각·언어 장애인을
비하하는 표현이 담겨 있다.

 **손에 잡히는 어휘 풀이**

비(卑)는 원래 신분이 낮다는 뜻이에요. 그래서 '천하다, 업신여기다'를 뜻하게 되었어요. 하(下)는 '아래'라는 뜻으로, '아래로 보다'라는 의미로도 쓰여요.

비하(卑下)란 **남을 업신여기고 아래로 깔본다**는 뜻이에요. 우리가 무심코 쓰는 '벙어리 장갑', '절름발이 정책' 같은 단어에는 장애인을 비하하는 표현이 담겨 있어요. 올바른 언어 생활을 위해서는 함부로 남을 비하하는 표현을 삼가고 배려하는 표현을 쓰도록 신경 써야 해요.

 **함께 알아 두기**

멸시	업신여길 멸(蔑) + 볼 시(視) 업신여기고 깔봄.
폄하	낮출 폄(貶) + 아래(下) 가치를 아래로 떨어뜨림.
배려	짝 배(配) + 생각할 려(慮) 마음을 나누어 남을 생각함.

  **한자로 어휘 넓히기**

卑 비 낮다, 천하다	비속어(**卑俗語**) 격이 낮고 속된 말.
	비열(**卑劣**) 성품이나 행동이 천하고 못남.
	남존여비(**男尊女卑**) 남자는 높이고 여자는 낮춤.

언어폭력
言語暴力

| 말씀 언 | 말씀 어 | 사나울 폭 | 힘 력(역) |

언어폭력은 협박, 폭력적인 말 이외에도 근거 없이 퍼트리는 헛소문, 차별하거나 혐오하는 표현 등 종류가 다양하다.

 **손에 잡히는 어휘 풀이**

언어(言語)는 말이나 글을 뜻해요. 폭력(暴力)은 남을 제압하거나 위협할 때 쓰는 사나운 힘이란 뜻이에요. 물리적 힘뿐만 아니라 심리적, 언어적으로 억누르는 힘도 포함해요.

언어폭력(言語暴力)이란 **말이나 글로 다른 사람에게 상처를 주는 행위**를 말해요. 욕이나 거친 말뿐 아니라 다른 사람을 차별하거나 혐오하는 표현도 언어폭력이에요. 나의 언어 습관을 돌아보고, 대화할 때 상대방을 존중하는 표현을 사용하도록 노력해야 해요.

 **함께 알아 두기**

차별	다를 차(差) + 구별 별(別) 둘 이상의 대상을 수준 차이를 두어 다르게 구별함.
혐오	싫어할 혐(嫌) + 미워할 오(惡) 강하게 거부하고 싫어함.
존중	높을 존(尊) + 중요할 중(重) 높여 소중하게 대함.

한자로 어휘 넓히기

暴 폭 사납다, 해치다, 갑자기	난폭(亂暴) 행동이 매우 거칠고 사나움.
	폭등(暴騰) 가격 등이 갑자기 크게 오름.
	폭우(暴雨) 갑자기 세차게 쏟아지는 비.

맥락

脈 絡

| 혈맥 **맥** | 이을 **락(낙)** |

대화를 할 때는 장소, 시간, 내용, 주제 등 상황과 관련 있는 **맥락**을 잘 이해해야 해.

손에 잡히는 어휘 풀이

맥(脈)은 원래 몸속을 흐르는 핏줄을 가리키는데, 그 의미가 확대되어 '줄기'나 '흐름'을 뜻하게 되었어요. 락(絡)은 '연결하다, 이어지다'라는 뜻이에요.

맥락(脈絡)이란 글이나 말에서 **앞뒤가 이어지는 흐름이나 관계**를 의미해요. 맥락은 글이나 말의 의미를 이해하는 데 중요한 요소로, 언어적 맥락, 상황적 맥락, 사회 문화적 맥락 등 다양한 종류가 있어요.

함께 알아 두기

언어적 맥락
말씀 언(言) + 말씀 어(語) + 적 맥락
앞뒤 문장의 관계를 통해 의미를 파악하는 맥락.

상황적 맥락
형상 상(狀) + 모양 황(況) + 적 맥락
대화가 이루어지는 화자, 청자, 시간, 분위기 등과 관련된 맥락. 같은 말이라도 상황에 따라 뜻이 달라짐.

사회 문화적 맥락
모일 사(社) + 모일 회(會) + 글월 문(文) + 될 화(化) + 적 맥락
시대 배경, 문화적 특성이 반영된 맥락.

한자로 어휘 넓히기

脈
맥
혈맥, 줄기, 흐름

산맥(山脈)	여러 산이 이어진 큰 줄기.
명맥(命脈)	목숨이 이어지는 줄기, 어떤 일이 이어지는 흐름.
맥박(脈搏)	심장이 뛰면서 느껴지는 혈액의 흐름.

비언어적

非 言 語 的

아닐 비	말씀 언	말씀 어	과녁 적

비언어적 표현은 말하는 사람이
사용한 단어나 문장과 같은
언어적 표현만큼 담화에 큰 영향을 준다.

 ## 손에 잡히는 어휘 풀이

비(非)는 '아니다'라는 뜻으로 주로 어떤 단어의 앞에서 쓰여 부정을 나타내는 글자예요.
비언어적이란 **말이나 글이 아닌 말하는 사람의 동작, 표정, 시선 등을 통틀어 이르는 말**
이에요. 담화에서 의미를 전달하는 데 영향을 주는 요소로는 언어적 표현, 준언어적 표
현, 비언어적 표현이 있어요. 비언어적 표현을 적절히 사용하면 의사소통 능력이 향상
돼요.

 ## 함께 알아 두기

언어적 표현
말씀 언(言) + 말씀 어(語) + 과녁 적(的) + 표현
생각이나 감정을 말이나 글로 분명하게 나타내는 표현.

준언어적 표현
기준 준(準) + 말씀 언(言) + 말씀 어(語) + 과녁 적(的) + 표현
언어적 기준에 비슷하게 따르는 표현. 말의 보조적 요소로 목소리의 크
기, 말투, 속도 등을 가리킨다.

  ## 한자로 어휘 넓히기

非 비 아니다, 잘못되다(그르다)	
	비상(**非常**) 평상시가 아닌 긴급한 상황.
	시비(**是非**) 옳고 그름.
	비일비재(**非一非再**) 한두 번이 아님, 자주 발생함.

가치관
價値觀

값 가	값 치	볼 관

화자가 반복해서 사용하는
단어, 비슷한 내용의 문장 등을 살펴보면
특정 대상에 관한 화자의 **가치관**을
추론해 볼 수 있다.

손에 잡히는 어휘 풀이

가치(價値)는 원래 상인이 물건을 팔 때 매기는 가격, 즉 값어치를 의미했어요. 이 뜻이 확대되어 지금은 사물이 지니고 있는 쓸모라는 뜻으로 쓰여요. 관(觀)은 단어 끝에 쓰이면 어떤 대상이나 현상을 바라보는 방식을 의미해요.

가치관(價値觀)이란 **어떤 것의 가치에 대해 가지는 태도나 판단 기준**을 말해요. 즉, 사람이 무엇을 중요하게 여기고, 어떤 기준으로 판단하는지에 대한 관점을 뜻해요.

함께 알아 두기

평가	평할 평(評) + 값 가(價) 사람이나 사물의 가치를 판단하여 매김.
세계관	세상 세(世) + 지경 계(界) + 볼 관(觀) 세상을 바라보는 기본적 생각이나 태도.
신념	믿을 신(信) + 생각 념(念) 옳다고 생각하는 것을 굳게 믿는 마음.

한자로 어휘 넓히기

價 가 값, 가격	정가(定價) 정해진 가격.
	물가(物價) 상품과 서비스의 전반적인 가격 수준.
	시가(市價) 시장에서 형성된 가격.

담화
談 話

말씀 **담**   말씀 **화**

대화, 발표, 토의, 연설 등을
모두 **담화**라고 한다.
담화에서 화자의 의도나 관점이
겉으로 드러나지 않을 때가 많다.

손에 잡히는 어휘 풀이

담(談)과 화(話)는 모두 말씀 언(言)을 포함하는 글자로 '말'을 뜻해요. 화(話)는 말씀 언(言)과 혀 설(舌)이 합쳐진 글자예요. 혀를 움직여 하는 말이라는 의미지요. 화(話)가 말 자체를 뜻한다면, 담(談)은 서로 말을 주고받으며 이야기한다는 의미가 들어 있어요. 담화(談話)란 **둘 이상의 사람이 의사소통을 위해 주고받는 말하기**예요. 발화가 모여 이루어진 것을 담화라고 해요. 대화, 발표, 토의, 연설 등을 모두 포함하는 넓은 범위의 단어예요.

함께 알아 두기

발화
필 발(發) + 말씀 화(話)
생각이나 감정을 말로 표현하는 행위.

대화
대할 대(對) + 말씀 화(話)
얼굴을 마주대고 이야기를 주고받음.

발표
필 발(發) + 겉 표(表)
조사한 내용이나 연구 결과를 말이나 글로 겉으로 드러내는 것.

한자로 어휘 넓히기

談
담
말하다. 이야기하다

상담(相談)	어떤 문제를 해결하기 위해 이야기함.
괴담(怪談)	기이하고 무서운 이야기.
농담(弄談)	장난으로 희롱하는 말.

토의

討 議

칠 **토** | 의논할 **의**

토의에 참여할 때는 다른 사람의 의견을 경청하고 존중하는 것이 중요하다.

 **손에 잡히는 어휘 풀이**

토(討)는 어떤 문제를 말로 따져 보고 살펴본다는 뜻이에요. 의(議)는 여러 사람이 모여 자신의 의견을 나눈다는 뜻이에요.

토의(討議)란 **공동의 문제를 해결하기 위해 여러 사람이 의견을 주고받는 협력적 말하기 활동**이에요. 토의의 참여자는 사회자, 토의자, 청중으로 구분되고, 토의 유형에 따라 참여자의 역할이나 구성 방식이 달라질 수 있어요.

 **함께 알아 두기**

원탁 토의
둥글 원(圓) + 탁자 탁(卓) + 칠 토(討) + 의논할 의(議)
둥근 탁자에 10명 내외의 인원이 둘러앉아 동등한 입장에서 검토하고 의논하는 토의.

패널 토의
패널(panel) + 칠 토(討) + 의논할 의(議)
어떤 주제에 대해 전문가들이 서로 의견을 주고받은 후 청중과 질의응답하는 토의.

쟁점
다툴 쟁(爭) + 점 점(點)
자신의 의견이 옳다고 서로 다투는 중점 사항.

  **한자로 어휘 넓히기**

討	
토 치다, 공격하다, 따지다	**검토(檢討)** 어떤 사실이나 내용을 검사하고 따짐.
	성토(聲討) 여러 사람이 모여 잘못에 대해 소리 높여 따짐.
	토벌(討伐) 적을 쳐서 공격함.

토론

討 論

| 칠 **토** | 논할 **론(논)** |

'청소년의 SNS 사용 제한'을 주제로
토론하기 위해 관련 자료를 먼저 수집해 보자.

손에 잡히는 어휘 풀이

토(討)는 '치다, 공격하다' 또는 '따져 보다'를 뜻하고, 론(論)은 '말을 조리 있게 하다'라는 뜻이에요.

토론(討論)은 **어떤 주제에 대해 서로 다른 의견을 주고받으며 논의하는 말하기 활동**이에요. 토의가 다양한 의견을 모아서 해결책을 마련하는 과정이라면, 토론은 어떤 주제에 대해 찬성과 반대의 입장을 정해 각자 자신의 주장을 논리적으로 펼치는 과정이에요.

함께 알아 두기

논제	논할 론/논(論) + 제목 제(題) 논설이나 논문, 토론의 주제나 제목.
입론	설 립/입(立) + 논할 론/논(論) 토론의 첫 번째 단계로, 자신의 주장을 체계적으로 세워 제시하는 것.
반론	되돌릴 반(反) + 논할 론/논(論) 토론에서 상대방의 주장을 논리적으로 반박하고 자신의 입장을 강화하는 것.

한자로 어휘 넓히기

論 **론** 논하다, 조리 있게 말하다	**논설(論說)** 자신의 주장이나 의견을 조리 있게 설명함.
	논문(論文) 학술적 연구 결과를 논리적으로 적은 글.
	논거(論據) 이론이나 논설의 근거.

요약
要 約

| 중요할 요 | 맺을 약 |

글을 **요약**할 때는
글의 전개 방식을 살펴보면서
중요한 내용을 중심으로 간추린다.

 **손에 잡히는 어휘 풀이**

요(要)는 원래 허리를 뜻하는 글자였어요. 허리는 신체의 중심에 있는 중요한 부분이지요. 그래서 지금은 '중요하다'라는 의미로 쓰여요. 약(約)은 '실로 묶다, 약속을 맺다'라는 뜻이에요. 여러 줄기를 하나로 묶으면 부피가 줄어들 듯이 '간추리다'라는 의미도 가지고 있지요.

요약(要約)이란 **글의 중요한 부분만 묶어 간추리는 것**을 말해요. 글을 요약할 때는 내용의 전개 방식을 살펴보면서 핵심 개념이나 주장을 찾아내 연결하면 효과적이에요.

 **함께 알아 두기**

개요	대개 개(概) + 중요할 요(要) 대강의 줄거리나 중요한 내용.
골자	뼈 골(骨) + 아들 자(子) 글이나 일에서 중심이 되는 뼈대.
인과	원인 인(因) + 결과 과(果) 원인과 결과.

  **한자로 어휘 넓히기**

要
요
중요하다, 요긴하다

요점(要點) 중요하고 중심이 되는 사실이나 관점.
요지(要旨) 핵심이 되는 중요한 뜻.
요령(要領) 중요한 뼈대 혹은 일을 효과적으로 하는 방법.

54

전개
展 開

| 펼 전 | 열 개 |

글 일부를 요약할 때는
예시, 비교 · 대조, 인과 등
내용 **전개** 방식을 고려하여 정리한다.

 ## 손에 잡히는 어휘 풀이

전(展)은 '펴다, 늘이다'라는 뜻이에요. 개(開)는 '문을 열다, 어떤 일을 시작하여 진행하다'를 뜻해요.

전개(展開)란 **어떤 내용을 펼쳐 나가며 진행하는 것**을 말해요. 특히 글의 전개는 글을 구성하는 흐름이나 방식을 가리켜요. 글의 내용이 차례대로 구체화되는 과정이지요.

 ## 함께 알아 두기

예시	법식 례/예(**例**) + 보일 시(**示**) 대상과 연관된 구체적이고 친근한 예를 들어 보여 줌.
대조	대할 대(**對**) + 비출 조(**照**) 둘 이상의 대상을 서로 비추어 차이점을 강조하는 방식.

  ## 한자로 어휘 넓히기

開 개 열다, 시작하다, 발전하다	개장(**開場**) 장소를 열어 사용할 수 있게 함.
	개척(**開拓**) 새로운 땅이나 영역을 열어 나감.
	미개(**未開**) 아직 발전되지 않은 상태.

향유

享 有

누릴 **향**	있을 **유**

지역 축제는 전통과 현대가 어우러진 문화를
경험할 수 있는 좋은 기회다.
이를 통해 우리는 다채로운 문화를 **향유**하며
새로운 가치를 발견할 수 있다.

손에 잡히는 어휘 풀이

향(享)은 원래 제사를 지내고 복을 받는 모습을 나타낸 글자로, 그 의미가 확장되어 '혜택을 받거나 좋은 것을 누린다'라는 뜻으로 쓰여요. 유(有)는 '가지고 있다, 소유하다'라는 뜻이에요.

향유(享有)란 단순히 소유하는 것을 넘어서 **가진 것을 적극적으로 받아들이고 즐기며 경험하는 행위**를 의미해요. 주로 문화, 자유, 권리, 자연, 혜택 등과 함께 사용되는 어휘예요.

함께 알아 두기

만끽하다	가득할 만(滿) + 먹을 끽(喫) + 하다 충분히 만족할 만큼 즐기다.
영위하다	경영할 영(營) + 할 위(爲) + 하다 어떤 일을 꾸려 나가다.
향락하다	누릴 향(享) + 즐거울 락(樂) + 하다 즐거움을 마음껏 누리다.

한자로 어휘 넓히기

有 유 있다, 소유하다	유효(**有效**) 효과가 있거나 효력이 인정되는 상태.
	유권자(**有權者**) 투표할 권리를 가지고 있는 사람.
	유비무환(**有備無患**) 미리 준비되어 있으면 걱정할 것이 없음.

현저
顯 著

나타날 현	드러날 저

온라인 수업이 활성화되면서 학생들의 학습 방식에도 **현저**한 변화가 나타났다. 직접 대면하는 수업보다 스스로 학습 계획을 세우고 관리하는 능력이 더욱 중요해졌다.

 ### 손에 잡히는 어휘 풀이

현(顯)은 '겉으로 분명하게 나타나다'라는 뜻이에요. 저(著)는 '기록하다'라는 뜻과 함께 '뚜렷하게 드러나다'라는 뜻도 가지고 있어요.

현저(顯著)란 **뚜렷하게 드러나 눈에 띄게 차이가 나거나 두드러진 상태**를 의미해요. 다른 것과 비교하여 차이가 분명하게 나타나는 상황에서 주로 쓰이는 어휘예요. 반대말로는 미미하다, 불분명하다 등이 있어요.

 ### 함께 알아 두기

극명하다	이길 극(**克**) + 밝을 명(**明**) + 하다 매우 분명하고 뚜렷하다.
미미하다	작을 미(**微**) + 작을 미(**微**) + 하다 아주 적거나 거의 없어 눈에 띄지 않는다.
불분명하다	아닐 불(**不**) + 나눌 분(**分**) + 밝을 명(**明**) + 하다 뚜렷하지 않고 확실하지 않다.

 ### 한자로 어휘 넓히기

著 저 드러나다, 분명하다, 짓다	
	저명(**著名**) 세상에 이름이 드러날 만큼 유명함.
	저술(**著述**) 책이나 글을 기록함.
	저작권(**著作權**) 사람이 짓거나 만든 작품을 보호하는 권리.

추론
推論

<table>
<tr><td>밀 추</td><td>논할 론(논)</td></tr>
</table>

독자의 배경지식과 글에 나타난 정보 등을 활용하여 글쓴이가 전달하고자 하는 주제와 의도를 **추론**하며 읽을 수 있다.

 **손에 잡히는 어휘 풀이**

추(推)는 '밀다, 앞으로 나아가다, 미루어 헤아리다'라는 뜻이에요. 론(論)은 '의견을 밝히다, 따져 말하다'라는 뜻이에요.

추론(推論)이란 **주어진 단서를 바탕으로 미루어 짐작하여 생각하는 과정**이에요. 특히 글을 읽을 때 추론은 중요한 역할을 해요. 단어나 문장의 앞뒤 관계, 그림이나 표 같은 시각 정보를 바탕으로 추론하며 읽으면 글의 주제와 내용을 더 깊게 이해할 수 있어요.

 **함께 알아 두기**

유추	무리 류/유(**類**) + 밀 추(**推**) 같은 종류의 것에 기초하여 다른 사물을 미루어 짐작하는 일.
추측	밀 추(**推**) + 헤아릴 측(**測**) 미루어 생각하여 헤아림.
예측	미리 예(**豫**) + 헤아릴 측(**測**) 일어나지 않은 사실을 미리 헤아려 짐작함.

 **한자로 어휘 넓히기**

推 추 밀다, 미루어 생각하다	추진(**推進**) 목표를 향해 앞으로 밀고 나감.
	추천(**推薦**) 적합한 조건의 사람이나 사물을 밀어 올려 소개함.
	추정(**推定**) 미루어 생각하여 결론을 정함.

관점

觀 點

볼 관	점 점

글쓴이의 생각이 드러난 단어나
글의 제목을 통해서도
글쓴이의 **관점**을 파악할 수 있다.

 ### 손에 잡히는 어휘 풀이

관(觀)은 '보다, 살펴보다'라는 뜻으로, 대상이나 상황을 어떤 방식으로 바라보는 것을 말해요. 점(點)은 '점, 부분'이라는 뜻으로, 생각이나 판단의 기준이 되는 자리를 가리켜요. 관점(觀點)이란 **어떤 대상을 바라보는 생각의 방향이나 태도**예요. 같은 상황이나 사물을 보더라도 사람마다 생각과 태도가 다를 수 있기 때문에, 글을 읽을 때는 글쓴이의 관점을 파악하는 일이 중요해요. 글쓴이의 관점을 파악하면 글의 의도나 주제를 더 정확하게 이해할 수 있어요.

 ### 함께 알아 두기

의도	옳을 의(意) + 도모할 도(圖) 마음속으로 어떤 뜻이나 목적을 계획함.
입장	설 립/입(立) + 마당 장(場) 서 있는 상황이나 처지에서 가지는 생각이나 태도.
견해	볼 견(見) + 풀 해(解) 어떤 사물이나 사실을 바라보고 든 의견이나 생각.

 ### 한자로 어휘 넓히기

觀 관 보다	관람(觀覽) 운동 경기나 영화 등을 즐기며 봄.
	관광(觀光) 다른 지역에 가서 유명한 것을 살펴봄.
	관망(觀望) 멀리서 어떤 일이 되어 가는 상황을 바라봄.

화제
話 題

말씀 화	제목 제

요즘 청소년의 스마트폰 중독이 중요한 **화제**로 떠오르면서 관련법을 제정해야 한다는 목소리가 높아지고 있다.

 **손에 잡히는 어휘 풀이**

화(話)는 말씀 언(言)과 혀 설(舌)이 결합된 글자로, 말하거나 이야기하는 것을 뜻해요. 제(題)는 '제목, 문제, 재료'라는 뜻으로, 말이나 글에서 중심이 되는 대상을 가리켜요. 화제(話題)란 **이야기의 중심이 되는 재료나 소재**를 말해요. 다시 말해 사람들이 이야기하는 대상, 즉 이야깃거리예요. 화제는 사람들이 이야기할 때 주제가 되기도 하고 글의 주된 소재가 되기도 해요. 주제가 글이나 말에서 가장 중요한 중심 생각이라면, 화제는 하나의 주제 안에서도 여러 가지가 있을 수 있어요.

 **함께 알아 두기**

주제	주인 주(主) + 제목 제(題) 대화나 글에서 중심이 되는 제목, 생각.
소재	바탕 소(素) + 재료 재(材) 어떤 것을 만드는 데 바탕이 되는 재료, 글의 내용이 되는 재료.
핵심	씨 핵(核) + 마음 심(心) 씨처럼 가장 중요하고 중심이 되는 부분.

 **한자로 어휘 넓히기**

話 화 말하다, 이야기	대화(對話) 마주 대하여 말을 주고 받음.
	수화(手話) 손의 움직임으로 의미를 전달하는 말.
	신화(神話) 신과 관련된 전설이나 이야기.

개요
概 要

대개 개	중요할 요

선별한 정보를 바탕으로
글의 **개요**를 작성하면서
주제와 관련이 없는 부분을 점검해 보자.

 ### 손에 잡히는 어휘 풀이

개(槪)는 '대개, 대략'이라는 뜻으로 전체적인 틀을 가리켜요. 요(要)는 원래 허리를 뜻하는 글자로, '핵심, 중요한 것'을 의미하지요.

개요(槪要)란 **글의 중요한 내용을 대략적으로 간추려 정리한 것**이에요. 글을 쓰기 전에 거치는 필수적 과정으로 글의 설계도라고 할 수 있지요. 개요를 작성하면 글의 전체 흐름을 잡을 수 있고, 주제를 벗어나지 않으면서 일관성 있는 글을 쓸 수 있어요.

 ### 함께 알아 두기

개관	대개 개(槪) + 볼 관(觀) 전체적인 틀을 살펴봄.
구조	얽을 구(構) + 지을 조(造) 글의 내용이 짜여 있는 형태와 방식.
초안	풀 초(草) + 문서 안(案) 풀처럼 거칠고 다듬어지지 않은, 기초 구상이 되는 글.

  ### 한자로 어휘 넓히기

槪 개 대개, 대략	개념(槪念) 전체를 아우르는 보편적인 생각이나 의미.
	개괄(槪括) 큰 틀에서 대략 요점이나 줄거리를 묶음.
	개략(槪略) 세부 내용은 생략하고 대략 중요한 점만 정리함.

"

보편적
普遍的

넓을 보	두루 편	과녁 적

한국의 탈춤이 강조하는
보편적 평등의 가치와
사회 신분제에 관한 비판은
오늘날에도 여전히 의미가 있는 주제이다.

 **손에 잡히는 어휘 풀이**

보(普)는 '넓다, 크다'라는 뜻이에요. 편(遍)은 '두루, 고루 미치다'라는 뜻이지요. 적(的)은 단어 뒤에 붙어 '~하는 성질을 가진'이란 뜻을 만들어요.

보편적(普遍的)이란 **어디에나 널리 두루 미치거나 적용되는 것**을 의미해요. 보편적 가치, 보편적 권리 등으로 활용해서 쓰여요. 반대말로는 특수적, 개별적 등이 있어요.

 **함께 알아 두기**

일반적	하나 일(一) + 일반 반(般) + 과녁 적(的) 일부가 아닌 전체에 해당하는 것.
특수적	다를 특(特) + 다를 수(殊) + 과녁 적(的) 보통과는 다른 경우에 해당하는 것.
개별적	낱 개(個) + 나눌 별(別) + 과녁 적(的) 하나씩 따로 나뉘어 구별되는 것.

 **한자로 어휘 넓히기**

普 보 넓다, 크다	보급(普及) 널리 퍼져 여러 사람에게 미치는 것.
	보통(普通) 널리 퍼져 일반적으로 통하는 상태나 수준.
	보신각(普信閣) 믿음을 널리 퍼뜨리는 누각. 조선 시대에 시간을 알리는 종을 치던 곳.

부조리
不 條 理

아닐 **불(부)**	가지 **조**	이치 **리(이)**

문학 작품에는 종종 사회의 **부조리**를 고발하거나 풍자하는 내용이 담겨 있어 독자에게 카타르시스를 느끼게 한다.

 손에 잡히는 어휘 풀이

불(不)은 '~가 아니다'라는 뜻을 가진 부정사예요. 원래 '불'이라고 읽지만 뒤에 오는 단어의 첫소리가 ㅈ, ㄷ이면 '부'라고 읽어요. 조(條)는 나무의 곁가지를 뜻해요. 여기서는 '갈래, 조목'을 의미하지요. 리(理)는 '이치, 도리'를 뜻해요. 조리(條理)란 가지런한 나뭇가지처럼 앞뒤가 들어맞고 체계가 있는 상태를 의미해요.

부조리(不條理)는 '조리'와 반대로 **이치에 맞지 않고 도리에 어긋나는 상태**를 뜻해요. 비슷한 뜻을 가진 단어로 불합리, 모순 등이 있어요.

 함께 알아 두기

불합리
아닐 불(**不**) + 합할 합(**合**) + 이치 리/이(**理**)
논리적이지 않고 이치에 맞지 않음.

모순
창 모(**矛**) + 방패 순(**盾**)
말이나 행동의 앞뒤가 서로 맞지 않음. 어떤 방패라도 뚫을 수 있는 창과 어떤 창으로도 뚫을 수 없는 방패를 동시에 파는 장사꾼의 이야기에서 유래한 단어.

 한자로 어휘 넓히기

理 리 이치, 원리, 도리	
심리(心理)	마음의 작용이나 상태에 관한 원리.
윤리(倫理)	사람이 지켜야 할 도리, 도덕적 규범.
합리화(合理化)	이치에 맞도록 만들거나 변형함.

기사문
記事文

기록할 기	일 사	글월 문

정보를 전달하는 글의 유형에는
설명문, 보고문, **기사문** 등이 있다.

 **손에 잡히는 어휘 풀이**

기(記)에는 말씀 언(言)이 있어요. 말을 기억하기 위해서 기록한다는 뜻이에요. 사(事)는 '일', 어떤 '사실'을 가리켜요. 문(文)은 '문장, 글, 글자' 등을 뜻해요.

기사문(記事文)이란 **사실을 보고 들은 그대로 적은 글**이에요. 사건이나 정보를 객관적으로 전달하기 위한 글이므로 자료의 출처를 정확히 밝히고 사실에 근거하여 작성해야 해요.

 **함께 알아 두기**

설명문	말씀 설(說) + 밝을 명(明) + 글월 문(文) 어떤 대상이나 내용을 상대방이 잘 알 수 있도록 밝혀 말하는 글.
보고문	알릴 보(報) + 알릴 고(告) + 글월 문(文) 연구하거나 조사한 내용을 알리는 글.
객관적	손님 객(客) + 볼 관(觀) + 과녁 적(的) 제삼자의 입장에서 사물을 보거나 생각하는 것.

 **한자로 어휘 넓히기**

記 기 쓰다, 기록하다	기자(記者) 신문, 방송에서 기사를 쓰거나 편집하는 사람.
	전기(傳記) 한 사람의 일생에 관한 기록.
	기호(記號) 어떤 뜻을 나타내기 위해 쓰는 부호.

근거
根 據

뿌리 근	의지할 거

타당한 **근거**를 마련하기 위해
자료를 수집할 때는 출처가 분명한지,
최신의 자료인지, 믿을 만한 자료인지를
확인해야 한다.

 **손에 잡히는 어휘 풀이**

근(根)은 '뿌리, 기초'라는 뜻이고, 거(據)는 '의지하다, 뒷받침하다'라는 뜻이에요.

근거(根據)란 **주장의 뿌리가 되는, 뒷받침할 수 있는 자료**를 의미해요.

주장하는 글을 쓸 때는 주장이 분명하게 드러나도록 하고, 타당하고 신뢰할 만한 근거를

들어 주장을 뒷받침해야 해요. 그래야 설득력 있는 글을 쓸 수 있어요.

 **함께 알아 두기**

출처	날 출(出) + 곳 처(處) 어떤 사실이나 정보가 나온 곳.
타당하다	온당할 타(妥) + 마땅할 당(當) + 하다 상황과 기준에 알맞고 적절함.
설득	말씀 설(說) + 얻을 득(得) 상대방이 받아들이거나 이치를 깨우치도록 말함.

 **한자로 어휘 넓히기**

據
거
의지하다, 근거하다

증거(證據)	어떤 사실을 증명할 수 있는 근거.
거점(據點)	어떤 활동의 근거가 되는 중요한 지점.
의거(依據)	어떤 원칙이나 법률에 근거함.

주장
主 張

| 주인 주 | 베풀 장 |

주장하는 글을 쓸 때는 자신만의 생각이나
견해에 치우쳐 주관적 표현이나
모호한 표현을 쓰지 않은 것이 좋아요.

 ## 손에 잡히는 어휘 풀이

주(主)는 '주인, 중심'이라는 뜻이에요. 장(張)은 활(弓)을 당겨 화살을 멀리 쏜다는 뜻에서 확장해 '베풀다' 또는 '펼치다, 내세우다'를 뜻하게 되었어요.

주장(主張)이란 **자신의 의견을 중심으로 생각을 펼쳐 보이는 것**을 말해요. 어떤 사실이나 현상에 대해 나의 주장을 펼칠 때에는 분명한 근거를 가지고 생각을 명확하게 표현하여 상대방을 설득할 수 있어야 해요.

* 활 궁(弓)

 ## 함께 알아 두기

소신	바 소(所) + 믿을 신(信) 굳게 믿고 있는 자신의 것, 생각.
역설	힘 력/역(力) + 말씀 설(說) 자신의 주장을 힘주어 말함.
논증	논할 론/논(論) + 증거 증(證) 주장에 대한 근거를 논리적으로 증명함.

 ## 한자로 어휘 넓히기

主 주 주인, 중심	주관(主觀) 개인이 가지는 주된 관점.
	주권(主權) 나라나 개인이 주인으로서 가지는 권리.
	주체(主體) 중심이 되어 어떤 일을 하는 존재.

취약
脆 弱

| 연할 취 | 약할 약 |

SNS에서의 비교 문화는
자존감이 **취약**한 청소년들에게
부정적인 영향을 미칠 수 있다.

 ### 손에 잡히는 어휘 풀이

취(脆)는 단단하지 않아 무르고 연한 상태를 뜻해요. 약(弱)은 깃털이 바람에 쉽게 흔들리는 모습을 나타내는 글자로, '가볍다, 약하다'라는 뜻이에요.

취약(脆弱)이란 **어떤 대상이 무르고 약해서 쉽게 부서지거나 무너질 수 있는 상태**를 의미해요. 물리적 측면뿐만 아니라 경제·사회적, 정신적, 감정적 측면에서도 널리 쓰이는 단어예요.

 ### 함께 알아 두기

연약	연할 연(軟) + 약할 약(弱) 부드럽고 약함.
강인	굳셀 강(強) + 질길 인(靭) 굳세고 질김.
견고	굳을 견(堅) + 굳을 고(固) 굳고 단단함.

 ### 한자로 어휘 넓히기

弱
약
약하다

노약자(老弱者) 나이가 많거나 몸이 약한 사람.
박약(薄弱) 의지나 체력이 굳세지 못하고 약함.
약육강식(弱肉強食) 약한 자가 강한 자에게 먹힘.

2장

사회

지리

- ☑ **051** 지형
- ☐ **052** 기후
- ☐ **053** 식생
- ☐ **054** 위도
- ☐ **055** 경도
- ☐ **056** 인문환경
- ☐ **057** 유목
- ☐ **058** 세계화
- ☐ **059** 지역화
- ☐ **060** 계절풍
- ☐ **061** 조산대
- ☐ **062** 왕오천축국전
- ☐ **063** 다문화주의
- ☐ **064** 공존
- ☐ **065** 고령화
- ☐ **066** 난민
- ☐ **067** 고부가
- ☐ **068** 백야
- ☐ **069** 생태도시
- ☐ **070** 탄소중립
- ☐ **071** 공정무역
- ☐ **072** 문화 혼종성
- ☐ **073** 초국적 기업
- ☐ **074** 열악하다
- ☐ **075** 관세
- ☐ **076** 사막화
- ☐ **077** 지구 온난화

사회문화

- ☐ **078** 사회화
- ☐ **079** 자아 정체성
- ☐ **080** 성찰
- ☐ **081** 사회적 지위
- ☐ **082** 제재
- ☐ **083** 편견
- ☐ **084** 속성
- ☐ **085** 오인
- ☐ **086** 상대주의

정치

- ☐ **087** 정치
- ☐ **088** 관용
- ☐ **089** 대의제
- ☐ **090** 권력분립
- ☐ **091** 입헌주의
- ☐ **092** 공론장
- ☐ **093** 선거
- ☐ **094** 유권자
- ☐ **095** 정당
- ☐ **096** 공약
- ☐ **097** 언론
- ☐ **098** 조례
- ☐ **099** 해임
- ☐ **100** 공청회

법

- ☐ **101** 사법
- ☐ **102** 상법
- ☐ **103** 원고
- ☐ **104** 심급제도
- ☐ **105** 천부인권
- ☐ **106** 참정권
- ☐ **107** 공공복리
- ☐ **108** 헌법소원
- ☐ **109** 파업
- ☐ **110** 임금 체불

지형
地 形

땅 지	모양 형

세계는 각 지역마다 **지형**이 다르며
지형에 따라 사람들의 생활양식도 다양하다.

 **손에 잡히는 어휘 풀이**

지(地)는 '땅'이란 뜻이에요. 형(形)은 '모양, 생김새'를 뜻해요.

지형(地形)이란 **땅의 모양, 지표의 생김새**를 말해요.

지구의 여러 지형은 지각 운동이나 물과 바람에 의한 침식과 퇴적 작용으로 만들어지며,

산지, 평야, 하천, 해안 등 다양한 형태로 나타나요.

 **함께 알아 두기**

지각 운동	땅 지(**地**) + 껍질 각(**殼**) + 운동 지구 내부의 원인으로 지구의 겉부분인 지각이 천천히 움직이거나 변형되는 현상.
해안	바다 해(**海**) + 물가 안(**岸**) 바다와 육지가 만나는 가장자리 지역.
평야	평평할 평(**平**) + 들 야(**野**) 지표면의 높낮이가 거의 없이 넓고 평평한 땅.

 **한자로 어휘 넓히기**

地 지 땅, 토지	지표(**地表**) 땅의 겉면.
	지층(**地層**) 땅에 퇴적물이 쌓여 생긴 층.
	지대(**地帶**) 일정한 지역이나 구역.

기후
氣候

기운 기	기후 후

세계의 **기후**는 기온과 강수량을 기준으로 열대, 건조, 온대, 냉대, 한대 **기후** 등으로 구분한다.

 ## 손에 잡히는 어휘 풀이

기(氣)라는 한자에는 쌀 미(米)가 들어 있어요. 쌀로 밥을 지을 때 나는 수증기를 표현한 글자로, 어떤 곳을 감싸는 기운이나 공기의 흐름을 뜻해요. 후(候)는 '계절, 시기'를 의미해요.

기후(氣候)란 **일정한 지역에서 오랜 기간 동안 되풀이되는 날씨의 평균적인 상태**를 말해요. 날씨가 며칠 동안의 기온, 바람, 비 등이 나타나는 기상 상태를 가리킨다면, 기후는 오랫동안 반복된 날씨의 특징을 나타내요.

 ## 함께 알아 두기

열대 기후
더울 열(**熱**) + 띠 대(**帶**) + 기후
비가 많이 내리고 더운 지역의 기후. 기온이 높고 강수량이 많다. 적도 주변에 나타난다.

냉대 기후
찰 랭/냉(**冷**) + 띠 대(**帶**) + 기후
겨울이 길고 추운 지역의 기후. 기온이 낮고 눈이 많이 내린다. 고위도 지역에 나타난다.

온대 기후
따뜻할 온(**溫**) + 띠 대(**帶**) + 기후
사계절의 변화가 뚜렷하고 온화한 지역의 기후. 겨울과 여름의 기온차가 크다.

  ## 한자로 어휘 넓히기

氣 기 기운, 공기	
	기압(**氣壓**) 공기의 무게가 누르는 힘.
	대기(**大氣**) 지구 바깥을 싸고 있는 공기.
	기진맥진(**氣盡脈盡**) 기운과 맥이 다하여 완전히 지침.

식생
植生

심을 **식**	날 **생**

기후는 **식생** 분포뿐만 아니라
사람들의 생활양식에도 많은 영향을 끼친다.

 **손에 잡히는 어휘 풀이**

식(植)은 나무(木)를 땅에 곧게(直) 심었다, 즉 '심다' 또는 '땅에 심은 식물'을 뜻해요. 생(生)은 땅에서 돋아난 새싹을 본뜬 글자로 '태어나다, 살다' 등의 뜻이 있어요.

식생(植生)이란 **어떤 지역에 분포하여 자라는 식물의 집단**을 이르는 말이에요. 식생은 기후, 토양의 영향을 많이 받으며, 지역의 자연환경에 따라 다르게 나타나요. 예를 들어 온대 기후에는 활엽수림, 열대 기후에는 열대우림, 냉대 기후에는 침엽수림이 형성돼요.

* 나무 목(木), 곧을 직(直)

 **함께 알아 두기**

활엽수림	넓을 활(闊) + 잎 엽(葉) + 나무 수(樹) + 수풀 림(林) 잎이 넓고 평평한 나무로 이루어진 숲. 기후에 따라 낙엽수와 상록수로 나뉜다.
침엽수림	바늘 침(針) + 잎 엽(葉) + 나무 수(樹) + 수풀 림(林) 잎이 바늘처럼 뾰족한 나무로 이루어진 숲. 냉대, 고산 지대에 주로 분포한다.
열대 우림	더울 열(熱) + 띠 대(帶) + 비 우(雨) + 수풀 림(林) 1년 내내 기온이 높고 비가 많이 오는 지역에 발달한 울창한 숲.

 **한자로 어휘 넓히기**

植 **식** 식물, 심다	식목일(植木日) 나무를 심고 가꾸기를 권장하기 위해 정한 날.
	이식(移植) 살아 있는 장기나 조직을 옮겨 심는 일.
	식민지(植民地) 한 나라가 다른 지역에 자기 나라 사람들을 심듯이 보내 정착시키고 지배하는 지역.

위도
緯 度

| 씨줄 위 | 정도 도 |

위도에 따라 지표면이 받는 일사량이 달라지기 때문에 적도에서 극지방으로 갈수록 기온이 대체로 낮아진다.

 **손에 잡히는 어휘 풀이**

위(緯)에는 실을 뜻하는 글자(糸)가 들어 있어요. 옷감을 만들 때 수많은 가로 실과 세로 실을 교차하여 천을 짜는데, 이때 가로 실을 씨줄이라고 해요. 도(度)는 손으로 길이를 재는 모습을 나타낸 글자로 '길이, 정도'를 뜻해요.

위도(緯度)란 지구를 가로로 나눈 선인 **적도를 기준으로 북쪽이나 남쪽으로 얼마나 떨어져 있는지를 각도로 나타낸 값**이에요. 서울은 북위 37도에 위치해 있어요. 우리나라는 중위도 지역에 속해 온대 기후가 나타나요. 위도는 태양 에너지를 받는 양에 차이가 생기게 하여 기온과 계절에 영향을 미쳐요.

* 실 사(糸)

 **함께 알아 두기**

| 적도 | 붉을 적(赤) + 길 도(道)
붉은 태양의 열을 가장 많이 받는 중심선. 위도의 기준이 되는 선. |
| 일사량 | 해 일(日) + 쏠 사(射) + 헤아릴 량/양(量)
태양으로부터 나온 햇빛 에너지가 일정한 지역에 도달한 양. |

 **한자로 어휘 넓히기**

度 도 법도, 정도	밀도(密度) 빽빽이 들어선 정도.
	조도(照度) 일정한 면적에 비추는 빛의 밝기 정도.
	빈도(頻度) 자주 반복되는 정도.

경도
經度

날실 경	정도 도

지구는 자전하기 때문에
경도 15도마다 1시간의 시차가 발생한다.

 ### 손에 잡히는 어휘 풀이

경(經)에는 실 사(糸)가 들어 있어요. 옷감을 만들 때 쓰는 가로 실을 씨줄, 세로 실을 날줄이라고 하는데, 날실은 천의 기준이 되는 실이에요. 따라서 경(經)은 기준이 되는 중요한 선이라는 의미가 확장되어 '질서, 지나다, 글' 등의 뜻으로 쓰여요. 도(度)는 손으로 길이를 재는 모습을 나타낸 글자로 '길이, 정도'를 뜻해요.

경도(經度)란 지구의 북극과 남극을 이은 세로 선인 **본초 자오선에서 동쪽이나 서쪽으로 얼마나 떨어져 있는지를 각도로 나타낸 값**이에요. 시간의 차이를 나타내는 기준이 되어 경도 15도마다 1시간씩 차이가 나요.

 ### 함께 알아 두기

자오선	아들 자(子) + 낮 오(午) + 줄 선(線) 태양이 가장 높은 정오(午)와 가장 낮은 자정(子) 시점을 연결하는 선. 북극과 남극을 연결하는 같은 경도를 가지는 선이다.
본초 자오선	근본 본(本) + 처음 초(初) + 자오선 근본이 되는 처음의 자오선. 영국의 그리니치 천문대를 지나가는 자오선으로 세계 시간과 경도의 기준이다.

 ### 한자로 어휘 넓히기

經 경 날실, 글, 지나다	경로(經路) 지나는 길이나 과정.
	경전(經典) 종교나 철학에서 중요한 글.
	경위(經緯) 날줄과 씨줄. 어떤 일의 진행 과정.

인문환경
人文環境

| 사람 인 | 글월 문 | 고리 환 | 지경 경 |

우리 주변의 환경은
자연환경과 **인문환경**으로 나눌 수 있다.
사람들은 자연환경을 바탕으로
인문환경을 조성하며 살아간다.

손에 잡히는 어휘 풀이

인(人)은 두 다리를 벌려 걷는 사람을 본뜬 글자예요. 문(文)은 원래 사람이 그린 무늬라는 뜻이었는데, 그 의미가 확장되어 '글, 문명, 문화' 등을 뜻하게 되었어요. 환(環)은 '고리'를, 경(境)은 '땅의 가장자리, 경계'를 의미해요. 환경(環境)이란 고리처럼 나를 둘러싼 상황이나 조건을 가리켜요.

인문환경(人文環境)이란 자연환경과 대비되는 개념으로, **인간의 활동으로 만들어진 환경**을 말해요. 인구 분포, 도시와 촌락, 산업, 교통, 문화와 종교 등이 인문환경에 해당해요. 자연환경과 인문환경은 서로 영향을 주고받으며 변화해요.

함께 알아 두기

자연환경	스스로 자(自) + 그럴 연(然) + 환경 인간이 개입하지 않은 그대로의 환경. 기후, 산, 바다 등.
생태계	날 생(生) + 모습 태(態) + 맬 계(系) 생명체들이 서로 연결된 자연의 체계.
종교	마루 종(宗) + 가르칠 교(敎) 신이나 초월적인 존재를 믿고 따르며 가르침을 실천하는 체계.

한자로 어휘 넓히기

文 문 무늬, 글	문신(**文身**) 몸에 무늬나 그림을 새김.
	문맹(**文盲**) 글을 읽고 쓰지 못하는 상태.
	불문율(**不文律**) 글로 기록되지 않았지만 사회에서 자연스럽게 따르는 규칙이나 법.

유목
遊牧

| 놀 유 | 칠 목 |

몽골에서는 전통적으로 **유목** 생활을 하며 말과 양을 키우는 문화가 이어지고 있다.

 **손에 잡히는 어휘 풀이**

유(遊)는 '놀다, 떠돌다, 이동하다'라는 뜻이에요. 목(牧)은 소를 뜻하는 글자(牛)와 도구를 뜻하는 글자(攵)가 합쳐진 한자로, 도구를 이용해 '가축을 기르다'라는 의미예요. 유목(遊牧)이란 한 곳에 정착하지 않고 **이동하며 가축을 기르는 생활 방식**이에요. 유목민은 가축을 기르기 위해 물과 풀밭을 찾아 이동하며 생활해요. 지역에 따라 말, 양, 낙타를 키워요. 대표적으로 몽골족과 중앙아시아의 카자흐족 등이 있어요.

*소 우(牛), 칠 복(攵)

 **함께 알아 두기**

정착	정할 정(定) + 붙을 착(着) 일정한 곳을 정하여 자리 잡고 삶.
목초지	칠 목(牧) + 풀 초(草) + 땅 지(地) 가축이 풀을 뜯어 먹을 수 있는 풀밭.
방목	놓을 방(放) + 칠 목(牧) 가축을 자연에 풀어놓고 기르는 방식.

 **한자로 어휘 넓히기**

遊 유 놀다, 떠돌다, 이동하다	유람(遊覽) 경치를 구경하며 다님.
	유세(遊說) 돌아다니며 사람들을 설득함. 예) 선거 유세
	유원지(遊園地) 휴식을 취하며 놀 수 있는 공원이나 시설.

세계화
世界化

세상 세	지경 계	될 화

정보와 통신 기술이 발달하면서
사람들의 상호작용이 전 세계로 확대되었다.
세계화로 인해 국경의 의미와
역할이 점차 줄어들고 있다.

손에 잡히는 어휘 풀이

세(世)는 열 십(十)자 세 개가 결합한 모양으로, '한 세대' 또는 '사람들이 살아가는 시대'를 뜻해요. 계(界)는 '경계, 범위'를 의미해요. 세계(世界)란 사람들이 살아가는 지구 전체, 즉 세상을 뜻해요.

세계화(世界化)란 **세상이 하나로 연결되어 변화하는 과정**을 가리켜요. 사람과 물건, 정보의 이동이 활발해지면서 사람들의 활동 범위가 전 세계로 확대되고, 국가 간 상호 의존성이 높아지는 현상이 이에 해당해요.

함께 알아 두기

국경	나라 국(國) + 지경 경(境) 나라의 경계. 나라와 다른 나라를 구분하는 선.
국제	나라 국(國) + 사이 제(際) 나라와 나라 사이의 관계.
지구촌	땅 지(地) + 공 구(球) + 마을 촌(村) 지구 전체가 하나의 마을처럼 연결된 세상.

한자로 어휘 넓히기

世 세 세상, 세대	세대(**世代**) 한 시대를 구성하는 사람들의 집단.
	출세(**出世**) 높은 지위나 명예를 얻어 세상에 이름을 드러냄.
	구세주(**救世主**) 어려움에 빠진 세상을 구원하는 존재.

지역화
地域化

땅 **지**	지경 **역**	될 **화**

[지리 1–3단원]

세계 각 지역에서는 지역의
독특한 문화를 바탕으로 세계화에 대응하여
지역 경쟁력을 높이는
지역화 전략을 추진하고 있다.

 **손에 잡히는 어휘 풀이**

지(地)는 '땅, 토지'를 뜻해요. 역(域)은 땅(土) 위에 경계(或)를 표시한 모습을 본뜬 글자로 '영역, 구역'을 뜻해요.

지역화(地域化)란 **각 지역이 특성과 장점을 살려 발전하는 과정**을 말해요. 자연환경, 역사, 문화 등 지역 고유의 특성과 장점을 살려 독자적으로 발전하는 현상이지요. 지역화는 특산물, 지역 축제, 관광 등 다양한 형태로 나타나요.

*흙 토(土), 혹 혹(或)

 **함께 알아 두기**

고유성	굳을 고(**固**) + 있을 유(**有**) + 성품 성(**性**) 어떤 대상이 <u>본래부터 가지고 있는</u> 특유의 성질.
현지화	나타날 현(**現**) + 땅 지(**地**) + 될 화(**化**) 외부로부터 온 것이 그 <u>지역의 특성에 맞게</u> 바뀌어 정착함.

 **한자로 어휘 넓히기**

域 역 경계, 지역	**구역(區域)** 갈라서 나눈 지역.
	영역(領域) 다스릴 수 있는 지역 또는 일정한 범위.
	이역만리(異域萬里) 다른 나라의 아주 먼 지역.

계절풍
季 節 風

철 계	마디 절	바람 풍

계절풍의 영향을 받아
여름 강수량이 풍부한 지역에서는
벼농사가 발달하였다.

 ### 손에 잡히는 어휘 풀이

계(季)는 '철, 시기'를 뜻해요. 절(節)은 원래 대나무 마디를 나타내는 글자예요. 그래서 '마디, 구분'이라는 뜻을 가지고 있어요. 계절(季節)은 한 해를 일정한 마디처럼 나누어 구분한 때를 말해요.

계절풍(季節風)이란 **계절에 따라 방향이 바뀌는 바람**을 뜻해요. 여름에는 바다에서 습윤한 바람이 불어오고, 겨울에는 육지에서 건조한 바람이 불어와요. 주로 우리나라, 일본, 중국 같은 동아시아 지역에서 뚜렷하게 나타나는 기상 현상이에요.

 ### 함께 알아 두기

기상	기운 기(氣) + 모양 상(象) 대기의 상태와 대기가 변화하는 현상. 날씨와 기후를 포함하는 개념.
습윤	축축할 습(濕) + 불을 윤(潤) 공기나 땅에 물기가 많아 촉촉한 상태.
무역풍	무역할 무(貿) + 바꿀 역(易) + 바람 풍(風) 과거 유럽 상인들이 무역할 때 이용한 바람. 적도 부근에서 동쪽에서 서쪽으로 지속적으로 부는 바람.

 ### 한자로 어휘 넓히기

風 풍 바람, 풍속	돌풍(突風) 갑자기 부는 강한 바람.
	풍문(風聞) 바람처럼 떠도는 이야기. 소문.
	마이동풍(馬耳東風) 말 귀에 부는 동쪽 바람, 즉 남의 말을 귀담아 듣지 않음.

조산대
造山帶

지을 조	산 산	띠 대

일본과 필리핀 등은
환태평양 **조산대**에 속해 있어
지진과 화산 폭발이 자주 일어난다.

 ## 손에 잡히는 어휘 풀이

조(造)는 '짓다, 만들다'라는 뜻이에요. 산(山)은 우뚝 솟은 산봉우리를 본뜬 글자예요.
대(帶)는 길게 이어진 모양의 '띠, 특정 지대'을 의미해요.

조산대(造山帶)란 **산이 만들어지는 띠 모양의 지대**를 가리켜요. 땅속의 지각판이 서로
부딪치거나 밀리면서 산이 생기고, 이 과정에서 지진이나 화산 활동이 활발하게 일어나
는 지역이에요. 특히 환태평양 조산대는 태평양 주변에 이어진 지역으로, 전 세계 화산
의 70~80퍼센트가 모여 있어 '불의 고리'라고 불려요.

 ## 함께 알아 두기

지진	땅 지(地) + 흔들릴 진(震) 땅이 흔들림. 지각판이 움직이면서 땅이 흔들리는 현상.
습곡	주름 습(褶) + 굽을 곡(曲) 주름 지고 굽은 지층. 지각이 압력을 받아 휘어져 생기는 현상.
지층	땅 지(地) + 층 층(層) 오랜 시간 동안 쌓인 흙이나 모래, 진흙 등이 굳어져 생긴 땅의 층.

 ## 한자로 어휘 넓히기

造 조 짓다, 만들다	창조(創造) 새롭게 만들어 냄.
	위조(僞造) 거짓으로 만들어 냄.
	개조(改造) 고쳐 만들거나 바꿈.

왕오천축국전
往五天竺國傳

갈 왕	다섯 오	하늘 천
대나무 축	나라 국	전할 전

『왕오천축국전』은 우리나라
고대 불교의 모습을 보여 줄 뿐만 아니라,
당시 아시아 지역의 문화와
생활상을 알 수 있는 중요한 자료이다.

 ## 손에 잡히는 어휘 풀이

왕(往)은 '가다'라는 뜻이에요. 오(五)는 '다섯'이지요. 천축국(天竺國)은 고대 중국에서 인도를 부르던 말이에요. 전(傳)은 '전하다, 전하여 기록한 내용'을 의미해요. 왕오천축국전(往五天竺國傳)은 **다섯 인도 지역을 다녀와서 그 경험을 기록한 책**이에요. 8세기 신라 시대 승려 혜초가 인도와 중앙아시아를 순례한 후 쓴 기록물로, 우리나라 사람이 해외 경험을 적은 가장 오래된 책으로 알려져 있어요.

 ## 함께 알아 두기

고대	옛 고(古) + 대신할 대(代) 옛 시대, 원시 시대와 중세 사이의 시대.
순례	돌 순(巡) + 예도 례/예(禮) 종교적 의미가 있는 곳을 찾아다니며 여행함.
불교	부처 불(佛) + 가르칠 교(敎) 부처님의 가르침을 따라 깨달음을 추구하는 종교. 인도에서 석가모니가 창시한 후 아시아의 여러 나라로 전파되었다.

 ## 한자로 어휘 넓히기

傳 전 전하다	전파(傳播) 전하여 널리 퍼뜨림.
	전통(傳統) 오랜 시간 동안 이어져 전해진 문화나 풍습.
	전염(傳染) 병이나 감정 등이 다른 사람에게 전해짐.

다문화주의
多文化主義

많을 다	글월 문	될 화
주인 주		옳을 의

국제결혼, 외국인 노동자, 유학생 등이 많아지면서 우리 사회에도 **다문화주의**의 중요성이 더욱 커지고 있다.

손에 잡히는 어휘 풀이

다(多)는 '많다, 다양하다'라는 뜻이에요. 문화(文化)는 인간이 만들어 낸 생활방식, 언어, 종교 등을 가리켜요. 주의(主義)란 주인이 되는 뜻, 즉 주된 생각, 주장을 의미해요. 다문화주의(多文化主義)란 **서로 다른 문화, 인종, 종교, 언어를 가진 사람들이 함께 어울려 살아가는 사회를 만들자는 생각**이에요. 다양한 문화를 서로 인정하고 존중하는 태도를 뜻하지요.

함께 알아 두기

다양성	많을 다(多) + 모양 양(樣) + 성질 성(性) 모양, 형태, 양식, 종류 등이 여러 가지로 많은 특성.
인종	사람 인(人) + 씨 종(種) 피부색, 머리카락 등의 신체적 특성과 지역 등으로 구분한 인류의 종류.
존중	높을 존(尊) + 중요할 중(重) 남을 높이고 소중하게 대함.

한자로 어휘 넓히기

多 **다** 많다	다독(多讀) 많이 읽음.
	다자녀(多子女) 자녀가 많음.
	다소(多少) 많음과 적음. 어느 정도.

공존
共 存

| 함께 **공** | 있을 **존** |

서로 다른 종교가 **공존**하기 위해서는
국가 차원에서 종교의 자유를
보호하는 제도적 장치를 마련해야 한다.

 ### 손에 잡히는 어휘 풀이

공(共)은 제사에 쓰는 중요한 그릇을 두 사람이 함께 받치고 가는 모습을 본뜬 글자로, '함께'를 뜻해요. 존(存)은 손으로 아이를 보호한다는 뜻을 담은 글자로, '어떤 것이 있다, 보존하다'를 뜻해요.

공존(共存)이란 **함께 있음, 더불어 살아감**이란 뜻으로, 다양한 사람과 집단이 서로 다름을 인정하고 함께 살아가는 것을 가리켜요. 다문화 사회를 살아가는 우리는 종교, 언어, 인종이 다르다는 이유로 타인을 차별하거나 억압하지 않고, 갈등을 합리적으로 해결하며 공존하는 태도를 가져야 해요.

 ### 함께 알아 두기

억압	누를 억(**抑**) + 누를 압(**壓**) 힘이나 권력으로 억지로 누름.
분쟁	어지러울 분(**紛**) + 다툴 쟁(**爭**) 서로 뜻이 달라 어지러이 다툼.
상생	서로 상(**相**) + 날 생(**生**) 서로 도우며 함께 살아감.

  ### 한자로 어휘 넓히기

共 공 함께	공동(**共同**) 둘 이상이 함께 일하거나 관계되는 것.
	공용(**共用**) 함께 쓰는 것.
	공조(**共助**) 여러 사람이 함께 도움.

고령화
高齡化

| 높을 고 | 나이 령(영) | 될 화 |

우리나라에서는 의학의 발달과 생활 수준의 향상으로 평균 수명이 길어지고, 출산율은 낮아지면서 **고령화**가 빠르게 진행되고 있다.

 ### 손에 잡히는 어휘 풀이

고(高)는 층이 높은 건물을 본뜬 글자로 '높다'를 뜻해요. 령(齡)에는 치아를 뜻하는 글자(齒)가 있어요. 옛날에는 치아의 개수를 세어 나이를 추정해서 '나이'를 뜻하게 되었어요. 화(化)는 '변하다, ~이 되다'라는 뜻이에요.

고령화(高齡化)란 나이가 많은 쪽으로 변화함, 즉 **전체 인구에서 노인의 비율이 점점 높아지는 현상**을 가리켜요. 65세 이상 인구가 전체 인구의 7퍼센트를 넘으면 고령화 사회, 14퍼센트를 넘으면 고령 사회, 20퍼센트를 넘으면 초고령 사회라고 불러요.

* 이 치(齒)

 ### 함께 알아 두기

연령	해 년/연(年) + 나이 령/영(齡) 세상에 태어나 살아온 햇수.
저출산	낮을 저(低) + 날 출(出) + 낳을 산(産) 아이를 적게 낳음.
수명	목숨 수(壽) + 목숨 명(命) 사람이나 생물이 살아 있는 기간.

 ### 한자로 어휘 넓히기

高 고 높다	고온(高溫) 온도가 높음.
	고가(高價) 가격이 높음. 값이 비쌈.
	고위직(高位職) 지위나 직급이 높은 자리.

난민
難 民

어려울 **난** | 백성 **민**

정치적 이유로 시리아, 아프가니스탄 등에서 주변 국가로 **난민**의 이동이 발생하고 있다.

 손에 잡히는 어휘 풀이

난(難)은 '어렵다, 힘들다'라는 뜻이에요. 민(民)은 원래 백성을 가리키는 글자로, 지금은 다수의 일반 사람을 의미해요.

난민(難民)이란 어려움에 처한 사람, **구체적으로 전쟁이나 자연재해처럼 자기 힘으로 어쩔 수 없는 커다란 어려움을 피해 안전한 곳을 찾아 떠나온 사람**들을 말해요.

유엔 난민 협약에는 난민이 "인종, 종교, 국적, 정치적 견해 등을 이유로 박해 받을 우려가 있어 자국을 떠난 사람"이라고 정의되어 있어요.

 함께 알아 두기

박해	다그칠 박(迫) + 해칠 해(害) 정치적·종교적 이유로 다그치고 해를 입힘.
피난	피할 피(避) + 어려울 난(難) 재난을 피해 사는 곳을 옮김.
이주	옮길 이(移) + 살 주(住) 다른 곳이나 다른 나라로 옮겨 가서 삶.

 한자로 어휘 넓히기

難 난 어렵다	난관(難關) 뚫기 어려운 고비나 문제.
	난이도(難易度) 어려움과 쉬움의 정도.
	진퇴양난(進退兩難) 나아갈 수도 물러날 수도 없는 어려운 처지.

고부가
高 附 加

높을 고	붙을 부	더할 가

최근에는 반도체, 정보 통신 기기, 문화 콘텐츠와 같은 **고부가** 가치 첨단·문화 산업도 크게 성장하였다.

 **손에 잡히는 어휘 풀이**

부(附)는 어떤 것에 '붙이다'를, 가(加)는 '더하다'를 뜻해요. 부가(附加)란 주된 것에 덧붙이는 것을 말해요.

고부가(高附加)란 **원래 있던 것에 새로운 것을 덧붙여서 그 가치를 키우는 일**이에요. 고부가 가치 산업은 같은 재료를 쓰더라도 놀라운 아이디어나 앞선 기술을 더해 훨씬 비싸고 가치 있는 상품을 만들어 내는 산업을 말해요.

 **함께 알아 두기**

첨단	뾰족할 첨(尖) + 끝 단(端) 가장 뾰족한 부분, 가장 발전한 것.
부가 가치	부가 + 값 가(價) + 값 치(値) 어떤 물건을 만들 때 새로 더해지는 값어치.

 **한자로 어휘 넓히기**

加
가
더하다

가속(加速)	속도를 더해 빨라짐.
가감(加減)	더하거나 빼는 것.
가열(加熱)	열을 더함. 데우거나 끓임.

백야
白 夜

| 흰 백 | 밤 야 |

북부 유럽을 포함한 고위도 지역에서는
여름철 **백야** 현상이 나타난다.

 손에 잡히는 어휘 풀이

백(白)은 촛불의 심지와 밝게 빛나는 불빛을 나타내는 글자예요. 그래서 '희다, 밝다'를
뜻해요. 야(夜)는 '밤'을 의미해요.

백야(白夜)란 **환한 밤**이란 뜻이에요. 해가 지지 않아 밤에도 어두워지지 않는 현상이에
요. 지구는 자전축이 23.5도 기울어져 있어요. 6월경 여름철에는 북반구가 태양 쪽으로
더 기울어지는데, 고위도 지역은 태양이 완전히 지지 않아 밤에도 밝아요. 주로 노르웨
이나 핀란드 같은 북부 유럽에서 나타나는 현상이에요.

 함께 알아 두기

극야	다할 극(極) + 밤 야(夜) 태양이 뜨지 않아 밤만 계속되는 현상. 백야와 반대되는 개념.
고위도	높을 고(高) + 씨줄 위(緯) + 정도 도(度) 적도에서 멀리 떨어진 높은 위도 지역.
자전축	스스로 자(自) + 돌 전(轉) + 굴대 축(軸) 지구가 자전할 때 중심이 되는 가상의 선.

  한자로 어휘 넓히기

白 **백** 희다, 밝다	백골(**白骨**) 하얀 뼈. 죽고 뼈만 남은 상태.
	결백(**潔白**) 마음이 희고 깨끗함. 아무런 잘못이 없는 상태.
	백미(**白眉**) 흰 눈썹. 여럿 가운데 가장 뛰어난 것.

생태도시
生 態 都 市

날 생	모습 태	도읍 도	저자 시

유럽에는 사람과 자연환경 및 문화가 조화를 이루는 친환경적인 **생태도시**가 조성되어 있다.

 ## 손에 잡히는 어휘 풀이

생(生)은 땅에서 돋아난 새싹을 본뜬 글자로 '생명, 태어나다, 살다' 등을 의미해요. 태(態)는 '모습'을 뜻해요. 생태(生態)란 생명체들이 자연스럽게 살아가는 모습이에요. 도시(都市)란 많은 사람이 모여 사는 공간이라는 의미예요.

생태도시(生態都市)란 **자연의 생태가 잘 보존되고, 사람과 자연이 어우러져 살아가는 도시**를 가리켜요. 이런 도시에서는 자동차 대신 자전거 이용을 권장하고, 빗물을 모아 공원의 나무를 가꾸는 등 친환경적으로 생활하기 위해 다양한 노력을 기울이고 있어요.

 ## 함께 알아 두기

지속가능한 발전	가질 지(持) + 이을 속(續) + 옳을 가(可) + 능할 능(能) + 한 발전 자연을 해치지 않으면서 현재뿐 아니라 미래에도 계속 잘 사는 방향으로 나아가는 발전.
친환경	친할 친(親) + 고리 환(環) + 지경 경(境) 자연환경과 친하게 잘 어울리는 일.
녹지 공간	푸를 록/녹(綠) + 땅 지(地) + 빌 공(空) + 사이 간(間) 도시 안에 푸른 나무와 풀이 있는 공간.

  ## 한자로 어휘 넓히기

都 도 도읍, 도시	**수도(首都)** 나라의 중심이 되는 도시.
	천도(遷都) 나라의 수도를 옮기는 것.
	도심(都心) 도시의 중심 지역.

탄소중립
炭素中立

숯 **탄**	바탕 **소**	가운데 **중**	설 **립(입)**

여러 도시에서는 지속가능한 도시를 만들기 위해 **탄소중립**을 포함한 다양한 정책을 추진하고 있다.

 ### 손에 잡히는 어휘 풀이

탄소(炭素)는 비금속 원소 중 하나로, 숯의 주성분이어서 한자로 숯 탄(炭)을 써요. 소(素)는 '본디, 성질'이라는 뜻을 가진 글자로, 사물의 기본적 속성을 뜻해요. 중립(中立)은 가운데 서다란 뜻으로 균형을 이룬 상태를 의미해요.

탄소중립(炭素中立)이란 **배출하는 탄소와 흡수하는 탄소의 양이 같아져서 균형을 이룬 상태**를 말해요. 인간의 활동으로 인해 나오는 이산화탄소의 양을 줄이거나, 배출한 만큼 다시 흡수시켜서 실제로 배출되는 양을 0으로 만드는 것이에요. 그래서 Net Zero(넷 제로)라고도 해요.

 ### 함께 알아 두기

배출	밀칠 배(排) + 날 출(出) 밖으로 밀어 내보냄.
균형	고를 균(均) + 저울 형(衡) 무게나 양이 같아 한쪽으로 기울어지지 않은 상태.
온실가스	따뜻할 온(溫) + 집 실(室) + 가스 열을 가두어 지구를 따뜻하게 만드는 기체. 이산화탄소(CO_2), 메탄(CH_4), 아산화질소(N_2O) 등.

 ### 한자로 어휘 넓히기

立 립 서다, 세우다	자립(自立) 스스로 설 수 있음, 남의 도움 없이 스스로 생활함.
	입법(立法) 법을 세움, 법을 만들고 정함.
	입석(立席) 앉을 자리가 없어 서서 가는 자리.

공정무역

公正貿易

| 공평할 공 | 바를 정 | 바꿀 무 | 바꿀 역 |

[지리 4-3단원]

"커피 한 잔을 마실 때,
그 원두를 생산한 농부가
너무 적은 돈을 받는다면 불공평하지 않을까?"
공정무역은 그런 불공평을 줄이고,
모두가 더 나은 삶을 살게 하려는 약속이다.

 손에 잡히는 어휘 풀이

공(公)은 개인의 욕심을 버리고 '함께'한다는 뜻이고, 정(正)은 '바르다'라는 뜻이에요. 공정(公正)은 어느 한쪽에 억울함이 없는 공평하고 올바른 상태를 의미해요. 무(貿)와 역(易)은 '바꾸다'라는 뜻으로, 무역(貿易)은 나라와 나라가 서로 필요한 물건을 사고파는 일을 말해요.

공정무역(公正貿易)은 **나라 간에 올바른 방식으로 거래가 이루어지도록 하는 무역**을 뜻해요. 개발도상국의 생산자들이 열심히 일해도 제값을 받지 못하는 문제를 해결하기 위해, 생산자가 더 많은 몫을 받을 수 있도록 거래 조건을 바꾸는 무역 방식이에요.

 함께 알아 두기

불공정	아닐 불(不) + 공평할 공(公) + 바를 정(正) 공정하지 않음. 한쪽이 손해를 보거나 차별받음.
생산자	날 생(生) + 낳을 산(産) + 사람 자(者) 물건이나 서비스를 만들어 내는 사람.
개발도상국	열 개(開) + 필 발(發) + 길 도(途) + 위 상(上) + 나라 국(國) 발전하는 길 위에 있는 나라, 경제·산업이 아직 발전하지 않은 나라.

  한자로 어휘 넓히기

公 공 공평하다, 공적이다 (국가나 사회와 관계된 것)	공익(公益) 사회 전체를 위한 이익.
	공립(公立) 국가나 지방 자치 단체가 세운 기관이나 학교.
	공식적(公式的) 국가나 기관에서 인정한 것.

문화 혼종성
文化 混種性

글월 문		될 화
섞일 혼	종류 종	성질 성

한국 음식인 불고기와 서양 음식인 햄버거가 섞여서 불고기 버거가 만들어진 것처럼 서로 다른 문화가 섞여서 **문화 혼종성**이 나타난다.

 **손에 잡히는 어휘 풀이**

문화(文化)는 인간이 만들어 낸 생활방식, 언어, 종교 등을 말해요. 혼(混)은 '섞이다'를 뜻하고, 종(種)은 '종류'를, 성(性)은 '성질, 특성'을 의미해요.

문화 혼종성(文化混種性)이란 **서로 다른 문화가 섞여 나타나는 특징**을 말해요. 여러 문화가 만나 새로운 문화가 만들어지는 현상을 뜻하지요. 예를 들어 미국에서는 유럽, 아시아, 아프리카 등 다양한 지역의 문화가 섞여 오늘날 다채로운 문화가 형성되었어요.

 **함께 알아 두기**

혼혈	섞을 혼(混) + 피 혈(血) 서로 다른 인종의 부모 사이에서 태어난 사람.
다채롭다	많을 다(多) + 채색 채(彩) + 롭다 여러 가지 색과 모양이 어울려 호화스럽다.
다문화	많을 다(多) + 글월 문(文) + 될 화(化) 다양한 문화가 함께 있는 것.

 **한자로 어휘 넓히기**

混 혼 섞이다	혼합(混合) 서로 다른 것들을 섞음.
	혼잡(混雜) 많은 것이 뒤섞여 어수선한 상태.
	혼성(混性) 남녀가 함께 섞임.

초국적 기업
超 國 籍 企 業

넘을 초	나라 국	문서 적
꾀할 기		일 업

초국적 기업은 이윤을 최대한 창출하기 위해 기업의 생산, 판매, 연구 등의 기능을 최적의 지역에 분산하여 배치한다.

 ### 손에 잡히는 어휘 풀이

국적(國籍)은 한 나라의 국민으로 문서에 등록된 상태란 뜻으로, 어떤 사람이 어느 나라에 속해 있는지를 알려 줘요. 초(超)는 '넘다'라는 뜻이에요. 초국적(超國籍)이란 국적을 넘어 여러 나라와 관련이 있는 상태를 뜻해요.

초국적 기업(超國籍企業)은 **국적에 상관없이 여러 나라에서 활동하는 기업**을 말해요. 예를 들어 삼성전자는 한국 회사지만 미국, 중국, 베트남 등 여러 나라에서 공장을 만들고 물건을 팔기 때문에 초국적 기업이라고 할 수 있어요.

 ### 함께 알아 두기

본사	근본 본(**本**) + 모일 사(**社**) 기업의 근본과 핵심이 되는 조직.
자회사	아들 자(**子**) + 모일 회(**會**) + 모일 사(**社**) 본사의 지배를 받는 별도의 회사.
이윤	이로울 리/이(**利**) + 불을 윤(**潤**) 사업을 하고 번 돈에서 비용을 빼고 남는 돈.

  ### 한자로 어휘 넓히기

超
초
넘다, 뛰어나다

초과(**超過**) 정해진 기준이나 수를 넘음.
초월(**超越**) 어떤 기준이나 한계를 넘어섬.
초능력(**超能力**) 보통 사람이 갖지 못한 뛰어난 능력.

열악하다
劣 惡

| 못할 **렬(열)** | 나쁠 **악** |

초국적 기업이 저임금의 단순 노동력만을 필요로 하는 경우가 많아 **열악한** 노동 환경이 사회문제가 되기도 한다.

손에 잡히는 어휘 풀이

렬(劣)은 적다(少)와 힘(力)을 합친 한자로, 힘이 부족한 상태를 가리켜요. '부족하다, 못하다, 뒤떨어진다'는 뜻이지요. 악(惡)은 마음이 바르지 못한 상태를 나타내는 글자로, '나쁘다, 악하다'는 뜻이에요.

열악(劣惡)하다는 **환경이나 조건이 매우 나쁘고 부족하다**는 뜻이에요. 예를 들어 근무 환경이나 교육 여건, 위생 상태 등을 표현할 때 쓸 수 있어요.

* 적을 소(少), 힘 력/역(力)

함께 알아 두기

노동	일할 로/노(勞) + 움직일 동(動) 몸을 움직여 일을 함.
취약	무를 취(脆) + 약할 약(弱) 약하고 물러 외부의 영향을 쉽게 받는 상태.
소외	드물 소(疏) + 바깥 외(外) 어떤 무리나 사회적 관계에서 밀려남.

한자로 어휘 넓히기

劣 렬 못하다, 부족하다	열등(劣等) 수준이나 능력이 남보다 부족함.
	열세(劣勢) 상대보다 힘이 부족한 형세.
	우열(優劣) 뛰어남과 못함.

관세
關 稅

| 관계할 **관** | 세금 **세** |

수입품에 높은 **관세**를 매기면 가격이 올라
소비가 줄어들 수 있다.

손에 잡히는 어휘 풀이

관(關)은 문(門)에 많은 열쇠를 채운 모습을 표현한 글자로, '빗장, 관문, 관계하다'를 뜻해요. 세(稅)는 나라가 국민에게 걷는 돈, 즉 '세금'을 의미해요.

관세(關稅)란 **외국 물건이 어떤 나라의 국경(관문)을 넘어올 때 그 나라 정부가 부과하는 세금**을 가리켜요. 주로 수입품에 적용되어 국내 산업을 보호하고 국가 재정을 확보하는 역할을 해요.

함께 알아 두기

자유 무역	스스로 자(自) + 말미암을 유(由) + 무역 국가 간에 관세를 줄이거나 없애고 자유롭게 물품을 사고파는 무역.
보호 무역	지킬 보(保) + 보호할 호(護) + 무역 국내 산업을 보호하기 위해 관세를 부과하는 무역.
재정	재물 재(財) + 정사 정(政) 재물(돈)에 관한 여러 가지 일. 국가나 지방 자치 단체가 돈을 관리하고 운영함.

한자로 어휘 넓히기

稅 세 세금	조세(**租稅**) 국가가 국민과 기업에게 부과하는 모든 세금.
	납세(**納稅**) 국민이나 기업이 국가에 세금을 냄.
	면세(**免稅**) 세금을 면제함.

사막화

沙漠化

모래 **사**	사막 **막**	될 **화**

중국 북부와 내몽골 지역에서 **사막화**가 진행되면서 황사 발생이 증가하여 한국과 일본까지 영향을 준다.

손에 잡히는 어휘 풀이

사(沙)는 물이 적어 생긴 '모래'를 뜻하고, 막(漠)은 '물이 거의 없는 넓은 벌판'을 의미해요. 사막(沙漠)은 글자 그대로 모래가 많고 물이 적은 넓은 땅을 가리켜요. 화(化)는 '어떤 상태로 변함'을 뜻해요.

사막화(沙漠化)란 **원래 사막이 아니던 땅이 점점 사막처럼 변해 가는 현상**을 말해요. 기후 변화와 인간 활동 때문에 강수량이 줄고, 무분별한 가축 방목과 벌목으로 땅이 황폐해지면서 사막화가 진행돼 물 부족과 모래바람 같은 문제가 생겨요.

함께 알아 두기

황사	누를 황(**黃**) + 모래 사(**沙**) 누런 모래, 중국과 몽골의 사막 지역에서 발생한 미세한 모래와 먼지.
벌목	칠 벌(**伐**) + 나무 목(**木**) 나무를 베어 없앰.
황폐	거칠 황(**荒**) + 폐할 폐(**廢**) 땅이 거칠어져 못쓰게 됨.

한자로 어휘 넓히기

沙 사 모래	사구(**沙丘**) 바람에 의해 모래가 쌓여 만들어진 언덕.
	산사태(**山沙汰**) 산의 흙과 모래가 무너져 내리는 현상.
	사상누각(**沙上樓閣**) 모래 위에 지은 누각. 기초가 약해 쉽게 무너져 내림.

지구 온난화
地球 溫暖化

땅 **지**	공 **구**
따뜻할 **온**	따뜻할 **난**	될 **화**

이산화탄소나 메탄 같은 온실가스가
지구 밖으로 빠져나가야 할 열을 가두면서,
지구의 평균 기온이 점점 높아져
지구 온난화를 일으킨다.

 손에 잡히는 어휘 풀이

지구의 구(球)는 '공처럼 둥근 모양'을 뜻해요. 우리가 사는 세상이 둥근 공 모양의 땅이라는 뜻이지요. 온난(溫暖)은 따뜻함을, 화(化)는 어떤 상태로 변함을 뜻해요.

지구 온난화(地球溫暖化)란 **지구가 점점 더 따뜻해지는 현상**을 말해요. 평균 기온이 올라가면서 빙하가 녹고 해수면이 상승해 일부 저지대 도시가 침수 위기에 놓이고 있어요. 또 폭염, 홍수 같은 이상 기후 현상이 나타나 심각한 환경 문제를 일으키고 있어요.

 함께 알아 두기

온실 효과	따뜻할 온(溫) + 집 실(室) + 본받을 효(效) + 열매 과(果) 온실가스가 지구의 열을 가두어 지구를 따뜻하게 만드는 현상.
해수면	바다 해(海) + 물 수(水) + 얼굴 면(面) 바닷물의 표면.
침수	잠길 침(浸) + 물 수(水) 비가 많이 오거나 물이 넘쳐 땅이나 건물이 물에 잠김.

 한자로 어휘 넓히기

溫 온 따뜻하다, 온도	**온천(溫泉)** 땅 속에서 자연적으로 더워진 물이 나오는 샘.
	온화(溫和) 날씨나 성격이 따뜻하고 부드러움.
	상온(常溫) 늘 일정한 보통의 온도.

사회화
社會化

모일 **사**	모일 **회**	될 **화**

인간은 **사회화**를 통해 사회 규범을 습득하고 그 과정에서 자신만의 개성과 정체성을 형성한다.

 ### 손에 잡히는 어휘 풀이

사(社)는 원래 토지신에게 제사를 지낸다는 뜻이에요. 제사는 한 마을이나 공동체가 함께 모여 결속을 다지는 행사였지요. 사회(社會)는 사람들이 함께 모여 사는 집단을 의미해요. 화(化)는 '어떤 상태로 변함'을 뜻해요.

사회화(社會化)란 **개인이 사회의 구성원이 되어 가는 과정**을 말해요. 사람은 혼자 살아갈 수 없고, 다른 사람과 관계를 맺으며 살아가는 사회적 존재예요. 사회화 과정에서는 다른 사람과 생활하는 데 필요한 언어, 행동 양식, 지식과 가치관을 배우게 돼요.

 ### 함께 알아 두기

개성	낱 개(**個**) + 성품 성(**性**) 개인이 가지고 있는 고유한 특징.
사회 규범	모일 사(**社**) + 모일 회(**會**) + 법 규(**規**) + 모범 범(**範**) 사회 구성원이 따라야 하는 행동 기준. 법, 도덕, 관습 등을 가리킨다.
재사회화	다시 재(**再**) + 모일 사(**社**) + 모일 회(**會**) + 될 화(**化**) 새로운 환경에 적응하기 위해 다시 새로운 사회 규범과 문화를 배우는 과정.

 ### 한자로 어휘 넓히기

社 **사** 모이다, 회사, 토지신	사원(**社員**) 회사의 구성원.
	공사(**公社**) 국가나 지방 자치 단체가 운영하는 공공 회사.
	사교적(**社交的**) 사람들과 모여 잘 어울리는 성격.

자아 정체성
自我 正體性

스스로 자	나 아	
바를 정	몸 체	성질 성

청소년기는 **자아 정체성**이 형성되는 중요한 시기로, 자신이 누구인지에 대해 깊이 고민하는 시기이다.

손에 잡히는 어휘 풀이

자아(自我)는 내가 바라보는 나의 모습이에요. 정(正)은 바르고 똑바른 것, 체(體)는 몸이나 바탕, 성(性)은 마음의 성질을 뜻해요. 따라서 정체성(正體性)은 변하지 않는 근본적인 성질을 의미해요.

자아 정체성(自我正體性)이란 **내가 누구인지를 스스로 생각하고 이해하는 상태**를 말해요. 즉 자신이 어떤 사람인지, 무엇을 중요하게 여기는지에 대해 일관되게 생각하고 방향을 세우는 과정을 가리켜요. 이 과정에는 가족, 친구, 학교생활 등 다양한 사회적 경험이 영향을 미쳐요.

함께 알아 두기

또래 집단	또래 + 모일 집(集) + 모일 단(團) 나이나 수준이 비슷한 사람들로 이루어진 모임.
자아 실현	스스로 자(自) + 나 아(我) + 열매 실(實) + 나타날 현(現) 개인이 자신의 잠재력을 발휘하여 목표한 바를 이루어 가는 과정.
가치관	값 가(價) + 값 치(値) + 볼 관(觀) 삶에서 중요하게 여기는 신념이나 관점.

한자로 어휘 넓히기

自 자 스스로	
	자율(自律) 스스로 정한 기준과 규칙에 따라 행동함.
	자부심(自負心) 스스로 자신의 능력을 믿고 당당히 여기는 마음.
	자급자족(自給自足) 생활에 필요한 것을 스스로 마련하고 충당함.

성찰
省 察

| 살필 성 | 살필 찰 |

자아 정체성이 명확한 사람은
자신을 객관적으로 **성찰**함으로써
성인이 되어서도 능동적인
삶의 자세를 지닐 수 있다.

 ## 손에 잡히는 어휘 풀이

성(省)은 적을 소(少)와 눈 목(目)이 합쳐진 글자예요. 눈으로 작은 것까지 주의 깊게 살펴본다는 뜻이지요. 찰(察)도 깊이 헤아려 살펴본다는 뜻이에요.

성찰(省察)이란 **자신의 생각과 행동을 자세히 살펴보는 것**을 말해요. 그저 돌아보기만 하는 것이 아니라 잘못된 점은 무엇인지, 더 올바른 방향은 무엇인지 고민하는 과정이에요.

 ## 함께 알아 두기

반성	되돌릴 반(反) + 살필 성(省) 자신의 언행을 되돌아보고 잘못을 깨닫는 것.
반추	되돌릴 반(反) + 꼴 추(芻) 소나 염소의 되새김질. 되돌아보며 다시 생각함.
객관적	손님 객(客) + 볼 관(觀) + 과녁 적(的) 자기 생각에서 벗어나 객체의 입장에서 사물을 보거나 생각하는 일.

  ## 한자로 어휘 넓히기

省 성 살피다	
	자성(自省) 스스로 돌아보고 반성함.
	성묘(省墓) 조상의 묘를 찾아가 살펴봄.
	귀성(歸省) 고향으로 돌아가 부모님을 보살펴 드림.

사회적 지위
社 會 的 地 位

모일 사	모일 회	과녁 적
땅 지		자리 위

사람은 사회 속에서 여러 사람과
관계를 맺으며 살아가기 때문에,
각자의 **사회적 지위**에 따라
기대되는 역할이 달라져요.

 ## 손에 잡히는 어휘 풀이

사회(社會)는 사람들이 함께 모여 사는 공동체를 뜻해요. 적(的)은 '~하는 성질을 가진'
이란 의미예요. 지(地)는 '땅, 위치', 위(位)는 '자리, 역할'이란 뜻이에요.
사회적 지위(社會的地位)란 **사람이 사회에서 차지하는 위치나 자리**를 말해요. 예를 들
어 학교에서는 학생, 가정에서는 딸, 동아리에서는 회원이라면 이것이 사회적 위치예요.
사회적 지위는 귀속 지위와 성취 지위로 나뉘어요.

 ## 함께 알아 두기

귀속 지위	돌아갈 귀(歸) + 무리 속(屬) + 지위 태어나면서 자연스럽게 속하게 되는 사회적 지위. 형제, 성별, 국적 등.
성취 지위	이룰 성(成) + 이룰 취(就) + 지위 노력이나 선택에 따라 나중에 얻게 되는 사회적 지위. 직업 등.
후천적	뒤 후(後) + 하늘 천(天) + 과녁 적(的) 태어난 뒤에 경험이나 학습을 통해 갖게 된 것.

  ## 한자로 어휘 넓히기

位 위 자리, 위치	직위(職位) 직장에서 맡은 위치나 자리.
	위상(位相) 사회나 어떤 분야에서의 위치나 신분, 평가받는 정도.
	우위(優位) 다른 것보다 더 뛰어난 위치.

제재
制 裁

절제할 제 | 마를 재

역할을 성실히 수행하는 사람에게는 칭찬과 보상이 따르고, 그렇지 못한 사람에게는 비난과 처벌이라는 사회적 **제재**가 따르게 된다.

 ## 손에 잡히는 어휘 풀이

제(制)에는 칼 도(刂)가 있어요. 필요한 만큼만 잘라서 쓰듯, 절제하거나 통제한다는 뜻이에요. 재(裁)에는 옷 의(衣)가 있어요. 천을 알맞게 마름하여 옷을 만들듯, 판단하거나 결정한다는 뜻이에요.

제재(制裁)란 **잘못된 행동을 멈추게 하기 위해 제한하거나 금지하는 조치**를 말해요. 규칙이나 관습을 어기면 사회에서는 처벌이나 비난과 같은 제재가 뒤따르게 돼요.

 ## 함께 알아 두기

관습	익숙할 관(慣) + 익힐 습(習) 오랫동안 사람들에게 익숙해진 생활 방식이나 행동 양식.
처벌	곳 처(處) + 죄 벌(罰) 규칙이나 법을 어긴 사람에게 벌을 줌.
보상	갚을 보(報) + 줄 상(償) 노력에 대한 대가로 주는 칭찬이나 물질.

 ## 한자로 어휘 넓히기

制

제

절제하다,
제한하다, 멈추다

통제(統制)	하나로 묶어 질서 있게 관리하거나 제한함.
억제(抑制)	감정이나 행동을 누르고 멈추게 함.
제어(制御)	기계나 상황을 마음대로 움직이게 하거나 멈추게 함.

편견
偏見

치우칠 **편** | 볼 **견**

편견은 상대방을 정확히 이해하는 것을 방해하고, 차별이나 혐오와 같은 부정적인 태도로 이어질 수 있다.

 ## 손에 잡히는 어휘 풀이

편(偏)은 한쪽으로 치우친 상태를 뜻해요. 견(見)은 '눈으로 보는 것', '생각'이나 '관점'을 의미해요.

편견(偏見)이란 **한쪽으로 치우친 생각**이에요. 사람이나 사물, 집단, 문화를 올바르게 이해하지 않고 치우친 시선으로 바라보는 잘못된 생각과 태도를 가리켜요. 이런 편견은 사회적 차별이나 갈등의 원인이 될 수 있어요.

 ## 함께 알아 두기

차별	어긋날 차(差) + 나눌 별(別) 차이를 두고 다르게 대우함.
고정 관념	굳을 고(固) + 정할 정(定) + 볼 관(觀) + 생각 념(念) 특정 대상이나 집단에 대해 지나치게 단순화된 채 굳어진 생각.
혐오	싫어할 혐(嫌) + 미워할 오(惡) 싫어하고 미워하며 거부함.

 ## 한자로 어휘 넓히기

偏 편 치우치다	편식(偏食) 자기가 좋아하는 음식에 치우쳐 골라 먹는 행동.
	편애(偏愛) 한쪽만을 치우치게 사랑함.
	편두통(偏頭痛) 머리의 한쪽만 아픈 통증.

속성
屬性

붙을 속 | 성질 성

문화의 **속성**을 이해하면,
서로 다른 문화를 존중하고
차이를 인정하는 태도를 기를 수 있다.

 ## 손에 잡히는 어휘 풀이

속(屬)은 동물의 몸(尸)에 여러 벌레(虫)가 속해 있다, 무리 지어 있다는 의미가 확대되어 '속하다, 붙어 있다'라는 뜻이 되었어요. 성(性)은 '특성, 성질'을 뜻해요.

속성(屬性)이란 **어떤 대상이 가지고 있는 고유한 성질이나 특성**을 말해요. 예를 들어 문화는 공유성, 학습성, 축적성, 변동성, 전체성 같은 속성을 가지고 있어요. 대상의 속성을 이해하면 그 대상을 더 정확하게 이해하고 판단하는 데 도움이 돼요.

* 주검 시(尸), 벌레 충(虫)

 ## 함께 알아 두기

문화의 공유성
함께 공(共) + 있을 유(有) + 성질 성(性)
같은 문화에 속한 사람들끼리 문화를 함께 가지고 나누며 누리는 성질.

문화의 축적성
쌓을 축(蓄) + 쌓을 적(積) + 성질 성(性)
문화가 오랜 시간에 걸쳐 쌓여 가며 계승·발전하는 성질.

문화의 전체성
온전할 전(全) + 몸 체(體) + 성질 성(性)
문화는 서로 연결된 하나의 전체로 작용한다는 성질.

 ## 한자로 어휘 넓히기

屬
속
붙이다, 속하다, 무리

소속(所屬)	어떤 단체나 조직에 속해 있음.
부속(部屬)	어떤 것에 붙어 함께 있음.
속국(屬國)	다른 나라에 속해 지배받는 나라.

오인
誤 認

| 그릇될 오 | 알 인 |

SNS에 올라온 편집된 사진을
사실이라고 믿은 사람들이, 특정 문화를
왜곡된 방식으로 **오인**하는 일이 많다.

 **손에 잡히는 어휘 풀이**

오(誤)는 말이 분명하지 않고 어지러운 상태를 뜻하는 글자로, '잘못, 실수'를 뜻해요. 인(認)은 '알다, 인식하다'라는 의미예요.

오인(誤認)이란 **어떤 사실을 잘못 알고 착각하는 것**을 말해요. 예를 들어, 상업 광고를 신문 기사의 내용처럼 꾸며 독자들이 실제 기사라고 믿게 만드는 경우가 있어요. 따라서 어떤 콘텐츠를 접했을 때 그것이 기사인지 광고인지 잘 구분해야 해요.

 **함께 알아 두기**

편향	치우칠 편(**偏**) + 향할 향(**向**) 생각이 한쪽으로 치우침.
왜곡	기울 왜(**歪**) + 굽을 곡(**曲**) 사실을 다르게 비틀어 해석함.
선입견	먼저 선(**先**) + 들 입(**入**) + 볼 견(**見**) 이미 마음속에 굳어진 생각이나 판단.

  **한자로 어휘 넓히기**

誤 오 그릇되다, 잘못되다	오답(**誤答**) 문제에 대한 잘못된 답.
	오판(**誤判**) 사물이나 상황을 잘못 판단함.
	착오(**錯誤**) 헷갈리거나 실수하여 잘못함.

상대주의
相 對 主 義

서로 상	대할 대	주인 주	옳을 의

문화 **상대주의**의 관점에서 볼 때, 문화에는 우열이 없으며, 각 문화는 그 나름의 가치와 의미를 지니고 있다.

 손에 잡히는 어휘 풀이

상대(相對)란 서로 대하다, 마주보다라는 뜻이에요. 주의(主義)는 주된 생각, 주장을 뜻해요.

상대주의(相對主義)란 **서로 다른 대상이나 관점을 마주 보고 비교하면서 어떤 것이 절대적으로 옳다고 생각하지 않는 태도**를 말해요. 사람, 사회, 문화 등을 상황이나 보는 시각에 따라 다르게 판단할 수 있으며, 서로 다를 수 있다는 점을 인정하고 이해하려는 마음이 상대주의적 시각이에요.

 함께 알아 두기

자문화 중심주의
스스로 자(自) + 글월 문(文) + 될 화(化) + 중심주의
자기 문화를 중심으로 보고, 다른 문화를 열등하다고 생각하는 태도.

문화 사대주의
문화 + 섬길 사(事) + 큰 대(大) + 주인 주(主) + 옳을 의(義)
다른 나라의 문화를 지나치게 높게 평가하고, 자기 문화를 낮게 보는 태도.

  한자로 어휘 넓히기

對 대 대하다, 마주하다	대결(對決) 둘이 맞서서 승부를 결정함.
	대면(對面) 서로 마주 봄, 직접 얼굴을 맞댐.
	대조(對照) 둘 이상의 대상을 서로 맞대어 견주어 봄.

정치

政治

정사 **정** | 다스릴 **치**

정치는 집단 의사 결정과 권력 행사를 통해 공동체의 문제를 해결한다.

손에 잡히는 어휘 풀이

정(政)은 바를 정(正)과 칠 복(攵)이 합쳐진 글자로, '바로잡다'라는 뜻이에요. 치(治)는 사람에게 꼭 필요한 물(氵)을 잘 다스린다는 데에서 유래해 '다스리다'라는 뜻을 갖게 되었어요.

정치(政治)란 **일상생활에서 발생하는 대립과 갈등을 조정하여 해결해 나가는 모든 활동**을 의미해요. 국가와 관련한 활동만을 정치라고 할 때도 있는데, 이것은 정치를 좁은 의미로 해석한 경우예요.

* 삼수변 수(氵)

함께 알아 두기

대립	대할 대(**對**) + 설 립/입(**立**) 서로 반대되거나 맞섬.
이해관계	이로울 리/이(**利**) + 해칠 해(**害**) + 관계할 관(**關**) + 맺을 계(**係**) 어떤 일에서 이익이나 손해를 볼 수 있는 관계.
조정	고를 조(**調**) + 가지런할 정(**整**) 서로 다른 의견을 고르게 하여 균형을 이루게 함.

한자로 어휘 넓히기

治 치 다스리다, 치료하다	자치(**自治**) 자기 지역이나 단체의 일을 스스로 결정하고 다스림.
	통치(**統治**) 전체를 하나로 모아 다스림. 나라가 국민을 다스림.
	완치(**完治**) 병을 완전히 치료함.

관용
寬容

너그러울 **관** | 용서할 **용**

다양한 구성원이 공존하는 사회에서는 **관용**의 자세가 민주 사회의 유지와 발전을 위한 핵심적인 덕목으로 여겨진다.

 **손에 잡히는 어휘 풀이**

관(寬)은 원래 넓다라는 뜻으로, 그 의미가 확장되어 '마음이 넓고 너그럽다'라는 뜻으로 쓰여요. 용(容)은 집(宀) 안에 그릇(谷)을 둔 모양으로 '받아들이다, 수용하다'라는 뜻이에요.

관용(寬容)이란 **남의 잘못이나 다른 생각을 너그럽게 받아들이고 용서하는 태도**를 가리켜요. 갈등을 해결할 때는 관용, 대화와 타협, 다수결과 소수 의견 존중 같은 원칙을 지키는 것이 중요해요.

*집 면(宀), 골 곡(谷)

 **함께 알아 두기**

타협	온당할 타(妥) + 화합할 협(協) 어떤 일을 서로 양보하여 협의함.
다수결	많을 다(多) + 셈 수(數) + 결정할 결(決) 가장 많은 사람 수의 의견에 따라 결정함.
소수 의견	적을 소(少) + 셈 수(數) + 옳을 의(意) + 볼 견(見) 적은 수의 의견. 다수의 의견과 달리하는 소수의 주장이나 관점.

 **한자로 어휘 넓히기**

容 용 받아들이다, 용서하다	
	수용(受容) 남의 의견이나 요구 등을 받아들여 인정함.
	포용(包容) 남을 감싸 주거나 받아들임.
	용납(容納) 너그러운 마음으로 남의 말이나 행동을 받아들임.

대의제
代 議 制

| 대신할 대 | 의논할 의 | 절제할 제 |

현대 민주주의 국가에서는 인구가 많고 사회가 복잡하기 때문에 **대의제**를 통해 국민의 의사를 반영한다.

 **손에 잡히는 어휘 풀이**

대(代)는 '대신하다'라는 뜻이에요. 의(議)는 '말(言)로 의견을 나누다, 의논하다'를 뜻해요. 제(制)는 절제하다, 통제하다라는 뜻이 확장되어 '제도, 규칙'을 가리키게 되었어요. 대의제(代議制)란 **국민을 대신해 나라의 일을 의논하고 결정하는 제도**를 말해요. 오늘날처럼 인구가 많고 국토가 넓은 나라에서는 모든 국민이 직접 정치에 참여하기 어려워요. 그래서 국민이 선거로 뽑은 대표자가 대신 정치 활동을 하는 제도를 운영하고 있어요.

* 말씀 언(言)

 **함께 알아 두기**

민주주의	백성 민(民) + 주인 주(主) + 주인 주(主) + 옳을 의(義) 모든 국민이 나라의 주인인 정치 형태.
직접 민주주의	곧을 직(直) + 이을 접(接) + 민주주의 국민이 직접 국가의 의사 결정에 참여하는 민주주의.
간접 민주주의	사이 간(間) + 이을 접(接) + 민주주의 국민이 스스로 선출한 대표들을 통해 국가의 의사 결정에 참여하는 민주주의.

 **한자로 어휘 넓히기**

代 대 대신하다	대리(代理) 다른 사람을 대신하여 어떤 일을 맡아 처리함.
	대행(代行) 다른 사람을 대신하여 업무를 수행함.
	대역(代役) 다른 사람의 역할이나 배역을 대신함.

권력분립

權 力 分 立

권세 **권** | 힘 **력(역)** | 나눌 **분** | 설 **립(입)**

삼권 분립은 권력의 집중을 막고
균형을 이루기 위해 입법, 행정, 사법으로
국가 권력을 나누는 **권력분립**의 한 방식이다.

 ## 손에 잡히는 어휘 풀이

권(權)은 원래 저울로 무게를 헤아린다는 뜻이에요. 이 의미가 확장되어 무게를 비교하고 결정하는 힘, 즉 '권력, 권세'를 뜻하게 되었어요. 분(分)은 사물을 칼(刀)로 반(八)으로 자르다, 즉 '나누다'를 뜻해요. 립(立)은 무언가를 '세운다'는 뜻이에요.

권력분립(權力分立)이란 **권력을 나누어 세우는 것**을 말해요. 한 사람이 모든 권력을 가지면 남용할 수 있으므로, 국가 권력을 여러 기관에 나누어 서로 견제하고 균형을 이루도록 조정해야 해요. 국가 권력은 보통 입법권, 행정권, 사법권으로 나뉘어요.

* 칼 도(刀), 나눌 팔(八)

 ## 함께 알아 두기

입법권	설 립/입(**立**) + 법 법(**法**) + 권세 권(**權**) 법을 만들고 제정하는 권한.
행정권	행할 행(**行**) + 정사 정(**政**) + 권세 권(**權**) 법을 집행하고 행정을 수행하는 권한.
사법권	맡을 사(**司**) + 법 법(**法**) + 권세 권(**權**) 법을 맡아 관리하고 재판하는 권한.

 ## 한자로 어휘 넓히기

分 분 나누다	분포(**分布**) 일정한 범위에 나누어 흩어져 있음.
	분단(**分斷**) 하나로 되어 있던 것이 나뉘어 갈라짐.
	처분(**處分**) 사물이나 재산을 나누어 처리함.

입헌주의
立憲主義

설 립(입) | 법 헌 | 주인 주 | 옳을 의

입헌주의의 원리를 통해
국가 권력의 남용을 막고
인간의 존엄성, 자유, 평등을 실현할 수 있다.

 **손에 잡히는 어휘 풀이**

립(立)은 땅 위에 두 팔 벌려 서 있는 사람을 나타낸 글자로 '서다'를 뜻해요. 헌(憲)은 본래 마차의 차양막(宀)에서 백성을 감시(目)하는 모습을 나타내지만, 지금은 국가의 가장 높은 법, 즉 '헌법'을 의미해요.

입헌주의(立憲主義)란 **헌법을 세우고, 그 법에 따라 국가를 운영해야 한다는 생각**이에요. 민주주의의 기본 원리로서 국민의 권리를 보호하며, 헌법을 어기면 누구든지 처벌을 받게 돼요.

* 집 면(宀), 눈 목(目)

 **함께 알아 두기**

헌법	법 헌(憲) + 법 법(法) 나라의 가장 중요한 상위법으로서, 나라를 운영하는 데 필요한 기본 원칙.
남용	넘칠 람/남(濫) + 쓸 용(用) 정해진 한도나 목적을 넘어서 지나치게 쓰는 것.
존엄성	높을 존(尊) + 엄숙할 엄(嚴) + 성질 성(性) 감히 함부로 대할 수 없는 높고 엄숙한 성질.

  **한자로 어휘 넓히기**

義
의
뜻, 옳다

의의(意義) 말이나 글의 뜻, 어떤 사실이나 행위가 갖는 중요한 가치.
다의어(多義語) 여러 가지 뜻을 가진 낱말.
불의(不義) 옳지 않은 일.

공론장
公論場

공평할 공	논할 론(논)	마당 장

시민은 **공론장**에 적극적으로 참여하여 서로 존중하면서 사익과 공익을 조화시키려고 노력해야 한다.

손에 잡히는 어휘 풀이

공(公)은 원래 개인적인 것(厶)을 둘로 나눈다(八)는 뜻이에요. 그래서 '공평하다, 국가나 사회와 관계된 것, 함께 쓰는 것'을 의미해요. 론(論)은 말(言)로 어떤 문제에 대한 의견을 나눈다는 뜻이에요.

공론장(公論場)이란 **여러 사람이 사회 문제에 대해 의견을 나누고 해결 방법을 찾아가는 자리**를 말해요. 이를 통해 시민의 뜻이 정책의 결정 과정에 더 잘 전달될 수 있기 때문에 공론장은 민주주의 사회에서 중요한 역할을 해요.

* 사사 사(厶), 나눌 팔(八), 말씀 언(言)

함께 알아 두기

사익	사사로울 사(私) + 더할 익(益) 개인의 이익.
공익	공평할 공(公) + 더할 익(益) 사회 전체나 많은 사람에게 도움이 되는 이익.
정책	정사 정(政) + 꾀 책(策) 국가나 지방 자치 단체가 국민을 위해 세우는 계획이나 방법.

한자로 어휘 넓히기

場 장 마당, 장소	광장(廣場) 사람들이 모일 수 있도록 만든 넓은 장소.
	현장(現場) 현재 있는 장소, 실제 일이 일어나는 장소.
	장외(場外) 어떤 장소의 바깥.

선거

選 擧

뽑을 선	들 거

주권자인 국민이 어떤 대표자를 선출하느냐에
따라 국가 정책이 달라지므로
선거는 대의제에서 가장 중요한 요소이다.

 ### 손에 잡히는 어휘 풀이

선(選)은 갈림길에서 어떤 방향으로 갈지 골라 뽑는다는 의미예요. 거(擧)는 어떤 것을 손(手)으로 높이 들어 올리는 모습을 표현한 글자로, '들다, 앞에 세우다'라는 뜻이에요. 선거(選擧)란 **여러 사람 중에서 적합한 사람을 뽑아 대표로 세우는 일**을 말해요. 오늘날 대부분의 민주 국가에서는 국민이 선거를 통해 대표자를 뽑아 정치에 참여하는 대의제를 시행하고 있어요.

* 손 수(手)

 ### 함께 알아 두기

보통 선거
넓을 보(**普**) + 통할 통(**通**) + 선거
누구나 일정한 나이 이상이 되면 투표할 수 있다는 선거 원칙.

평등 선거
평평할 평(**平**) + 같을 등(**等**) + 선거
모든 사람의 한 표는 똑같은 가치를 갖는다는 선거 원칙.

비밀 선거
숨길 비(**秘**) + 빽빽할 밀(**密**) + 선거
누가 누구에게 투표했는지 알 수 없도록 비밀을 보장한다는 선거 원칙.

 ### 한자로 어휘 넓히기

選 선 뽑다	당선(**當選**) 선거에서 뽑힘.
	낙선(**落選**) 선거에서 뽑히지 못하고 떨어짐.
	선택(**選擇**) 여럿 중에서 하나를 뽑음.

유권자
有 權 者

있을 유	권세 권	사람 자

유권자는 정당이나 후보자가 내세우는 공약, 후보자의 인품과 능력 등을 꼼꼼히 살펴야 한다.

 **손에 잡히는 어휘 풀이**

유(有)는 손에 무언가를 들고 있는 모습을 본뜬 글자로, '가지고 있다'라는 뜻이에요. 권(權)은 '권력' 또는 '권리'를 의미해요. 자(者)는 '~하는 사람'이란 뜻이에요.

유권자(有權者)란 **투표할 권리를 가진 사람**을 말해요. 우리나라는 만 18세 이상이 되면 유권자가 되어 한 표를 행사할 수 있어요. 유권자는 선거에 참여함으로써 국가 정책에 자신의 의견을 반영할 수 있어요.

 **함께 알아 두기**

주권자	주인 주(**主**) + 권세 권(**權**) + 사람 자(**者**) 나라의 주인으로서 권리를 가진 사람.
투표	던질 투(**投**) + 표 표(**票**) 선거나 찬반 결정에서 표를 던져 의견을 나타내는 일.

 **한자로 어휘 넓히기**

者 자 ~하는 사람	보행자(**步行者**) 걸어서 이동하는 사람.
	용의자(**容疑者**) 범죄를 저질렀다고 의심받는 사람.
	동반자(**同伴者**) 곁에서 짝이 되어 함께하는 사람.

정당
政黨

| 정사 정 | 무리 당 |

우리나라는 복수 정당제를 채택하여 여러 정당이 자유롭게 활동할 수 있다. 국민은 자신과 생각이 비슷한 **정당**을 지지함으로써 정치에 참여할 수 있다.

 ### 손에 잡히는 어휘 풀이

정(政)은 나라를 바르게 다스린다는 뜻이에요. 당(黨)은 뜻을 같이하는 무리라는 의미지요.

정당(政黨)이란 **정치적 뜻이 같은 사람들이 모여 만든 무리**를 말해요. 정당은 선거에 후보를 내고 정책을 알리며 국민의 지지를 얻어요. 선거에서 이긴 정당은 국회에 진출하고 정부를 구성할 수도 있어요.

 ### 함께 알아 두기

여당	더불 여(與) + 무리 당(黨) 현재 정부를 맡고 있는 정당, 즉 집권한 정당.
야당	들 야(野) + 무리 당(黨) 현재 정부를 맡고 있지 않은 정당, 즉 정권을 잡고 있지 않은 정당.

 ### 한자로 어휘 넓히기

政 정 정치, 나라를 다스리다	
	정권(政權) 정치를 담당하는 권력.
	폭정(暴政) 국민을 억압하는 포악한 정치.
	제정일치(祭政一致) 제사와 정치가 일치한다는 사상.

114

공약
公約

공평할 **공** | 맺을 **약**

정당은 적절한 후보를 공천하고
여론을 반영한 **공약**과 정책을 개발하여
정당의 후보자가 당선될 수 있도록 노력한다.

손에 잡히는 어휘 풀이

공(公)은 '국가나 사회와 관련된 것, 공식적'이란 의미예요. 약(約)은 원래 실(糸)로 정해진 만큼 묶는 모습을 나타낸 글자로, '약속하다'라는 뜻이에요.

공약(公約)은 공적인 약속, 즉 국민에게 한 약속을 가리켜요. 선거에서 당선되기 위해 **정당이나 후보자가 국민에게 실행을 약속하는 정책 내용**이에요. 유권자는 선거 과정에서 정당의 공약과 정책에 자신의 의견을 반영하도록 요구할 수 있어요.

* 실 사(糸)

함께 알아 두기

공천
공평할 공(公) + 천거할 천(薦)
정당이 선거에 나갈 후보자를 공식적으로 추천함.

공약 이행
공약 + 밟을 리/이(履) + 다닐 행(行)
선거 때 한 공약을 실제로 행함.

한자로 어휘 넓히기

約 **약** 맺다, 약속하다	
	선약(**先約**) 먼저 한 약속.
	약정(**約定**) 약속하여 정함.
	계약(**契約**) 서로의 권리와 의무를 정한 법적 약속.

언론
言論

말씀 **언**   논할 **론(논)**

언론은 정책이 올바른 방향으로 실현될 수 있도록 국가 기관을 비롯한 다양한 정치 주체의 활동을 감시한다.

손에 잡히는 어휘 풀이

언론(言論)은 원래 의견이나 이론을 조리 있게 말하다라는 뜻이에요. 그 의미가 확장되어 지금은 주로 **신문, 방송, 인터넷 등의 매체를 통해 어떤 사실을 알리거나 여론을 형성하는 역할을 하는 기관이나 활동**을 의미해요.

언론은 민주 사회에서 매우 중요한 역할을 하는 정치 주체 중 하나예요. 국민의 알 권리를 보장하고, 정부가 책임 있게 운영되도록 돕는 중요한 역할을 하지요.

함께 알아 두기

매체	중매할 매(**媒**) + 몸 체(**體**) 정보를 전달해 주는 수단이나 통로.
언론의 자유	언론의 + 스스로 자(**自**) + 말미암을 유(**由**) 언론이 외부의 간섭 없이 자유롭게 표현하고 보도할 수 있는 권리.

한자로 어휘 넓히기

言 언 말씀	
	발언(發言) 말을 꺼내어 자신의 생각과 의견을 드러냄.
	방언(方言) 지역마다 다르게 쓰는 말, 사투리.
	언행일치(言行一致) 말과 행동이 하나로 같음.

조례
條 例

가지 조	법식 례(예)

지방 의회는 지역 주민의 의견을 바탕으로 지역에 필요한 자치 법규인 **조례**를 제정하고 폐지하는 일을 한다.

 손에 잡히는 어휘 풀이

조(條)는 나무(木)의 큰 줄기에서 갈라져 나온 가지를 뜻하는 글자예요. 례(例)는 사람(人)이 줄 지어 서 있다는 의미에서 '기준, 법칙'이라는 뜻을 가지게 되었어요.

조례(條例)는 **조목조목 적어 놓은 규칙이나 명령**을 말해요. 주로 지방 자치 단체가 주민 생활에 필요한 규칙을 정해 놓은 지역 법규를 가리켜요. 국회에서 만든 법률이 나라 전체에 적용되는 것과 달리, 조례는 해당 지역에만 적용돼요.

* 나무 목(木), 사람 인(人)

 함께 알아 두기

지방 자치 단체	땅 지(地) + 모 방(方) + 스스로 자(自) + 다스릴 치(治) + 둥글 단(團) + 몸 체(體) 주민을 위한 일을 그 지역 내에서 스스로 처리하는 공공 기관.
의회	의논할 의(議) + 모일 회(會) 주민이 뽑은 대표들이 모여 법이나 조례를 의논하고 만드는 기관.
제정	절제할 제(制) + 정할 정(定) 법이나 규칙 등을 새로 만들어 정함.

 한자로 어휘 넓히기

例 례 법, 규칙, 예시	**사례(事例)** 어떤 일이 전에 실제로 일어난 예.
	예외(例外) 일반적인 규칙에서 벗어난 특별한 경우.
	판례(判例) 과거에 법원이 판결한 사례.

해임
解 任

| 풀 해 | 맡길 임 |

주민 소환은 선출된 공직자가
주민의 의사에 반하는 정책을 펼칠 때
투표를 통해 **해임**할 수 있는 제도이다.

손에 잡히는 어휘 풀이

해(解)는 소(牛)의 뿔(角)을 칼(刀)로 잘라 분리하는 모습을 나타낸 글자로, '풀다, 분해하다'라는 뜻이에요. 임(任)은 '맡겨진 직책'이나 '책임'을 의미해요.

해임(解任)이란 맡겨진 일을 풀어 버린다는 뜻으로, 어떤 사람이 직무를 제대로 수행하지 못했거나 잘못을 저질렀을 때 **그 직책에서 물러나게 하는 조치**를 말해요.

* 소 우(牛), 뿔 각(角), 칼 도(刀)

함께 알아 두기

파면	마칠 파(罷) + 면할 면(免) 잘못이나 비위로 인해 강제로 직책을 그만두게 함. 해임보다 더 강한 징계성의 의미.
징계	징계할 징(懲) + 경계할 계(戒) 잘못을 뉘우치도록 벌을 주고 경계함.
탄핵	탄알 탄(彈) + 꾸짖을 핵(劾) 고위 공직자가 헌법이나 법률을 위반했을 때 책임을 물어 파면하는 절차.

한자로 어휘 넓히기

解 해 풀다	해체(解體) 어떤 조직이나 구조를 풀어서 없앰.
	해부(解剖) 몸이나 물체를 갈라 풀어서 안을 들여다봄.
	해결(解決) 문제나 어려움을 풀어서 끝냄.

공청회
公聽會

공평할 공	들을 청	모일 회

공청회에서는 국가 기관이 마련한 정책이나 대안을 공개적으로 설명하고 그와 관련된 사람들의 다양한 의견을 듣는다.

 **손에 잡히는 어휘 풀이**

공(公)은 국가나 사회와 관계된 것, 즉 '공식적'을 뜻해요. 청(聽)은 '귀(耳)로 듣는다'는 의미이고, 회(會)는 여러 사람이 모이는 것을 뜻해요.

공청회(公聽會)란 **국민이나 전문가의 의견을 공식적으로 듣기 위해 여는 모임**을 말해요. 주로 정부나 공공 기관이 중요한 정책이나 계획을 세우기 전에 개최해요. 의견을 단순히 듣기만 하는 것이 아니라, 시민의 목소리를 정책에 직접 반영하기 위해 귀를 기울이는 자리예요.

* 귀 이(耳)

 **함께 알아 두기**

의견 수렴	옳을 의(意) + 볼 견(見) + 거둘 수(收) + 거둘 렴(斂) 여러 사람의 생각이나 주장을 듣고 하나로 모음.
의사 결정	옳을 의(意) + 생각 사(思) + 맺을 결(決) + 정할 정(定) 여러 선택지 중에서 하나를 골라 결정함.
청문회	들을 청(聽) + 물을 문(聞) + 모일 회(會) 어떤 문제에 대해 내용을 묻고 듣는 공식적인 자리.

 **한자로 어휘 넓히기**

聽 청 듣다	청취(聽取) 말이나 방송을 귀로 들음.
	도청(盜聽) 몰래 다른 사람의 말을 엿들음.
	보청기(補聽器) 잘 들리지 않는 사람을 도와주는 기계.

사법
私法

사사로울 사	법 법

개인 간의 금전 거래나 계약 분쟁은 **사법**으로 해결하고, 경찰이나 법원이 개입하는 일처럼 국가가 관련된 문제는 공법에 해당한다.

 **손에 잡히는 어휘 풀이**

사(私)에는 벼 화(禾)가 있어요. 수확한 벼를 내 품으로 끌어당기는 모습에서 온 글자로, '개인적인 것'을 뜻해요. 법(法)은 물(氵)이 흐르듯(去) 잘못된 것을 없애고 올바르게 나아가게 하는 규칙을 의미해요.

사법(私法)이란 **개인과 개인 사이의 사적 관계를 다루는 법**이에요. 물건을 사고팔거나 계약을 맺는 등 개인 간의 관계에서 일어나는 일에는 사법이 적용돼요.

* 삼수변 수(氵), 갈 거(去)

 **함께 알아 두기**

사법	맡을 사(司) + 법 법(法) 법을 맡아 다스림, 법을 적용하고 해결하는 국가의 작용. Tip! 사법(司法)과 사법(私法)은 음은 같지만 한자와 의미가 다른 단어예요.
공법	공평할 공(公) + 법 법(法) 국가와 개인, 또는 공공 단체와 개인 사이의 관계를 다루는 법.
사회법	모일 사(社) + 모일 회(會) + 법 법(法) 개인과 개인의 관계이지만, 사회적 약자를 보호하고 공공복지를 실현하기 위한 법. 공법과 사법의 중간적 성격의 법.

 **한자로 어휘 넓히기**

私 사 사사롭다, 개인적인 것	
	사복(私服) 공적 복장이 아닌, 개인이 평소에 입는 옷.
	사생활(私生活) 공적 영역이 아닌 개인의 생활.
	사유지(私有地) 개인이 소유한 땅.

상법
商 法

장사 **상**	법 **법**

사적인 생활 관계를 규율하는 법을
사법이라고 하는데 대표적으로
민법과 **상법**을 들 수 있다.

손에 잡히는 어휘 풀이

상(商)은 좌판에 물건을 올려놓고 장사하는 모습을 나타내는 글자로, 물건을 사고판다는 뜻이에요.

상법(商法)은 **물건을 사고파는 거래나 기업 활동에 적용되는 법**이에요. 상거래가 공정하고 질서 있게 이루어지도록 도와주지요. 민법과 상법은 개인과 개인 사이의 관계를 다루는 사법(私法)에 속하고, 헌법, 형법, 행정법은 국가와 관련된 공법(公法)에 속해요.

함께 알아 두기

민법	백성 민(**民**) + 법 법(**法**) 개인과 개인 사이의 일상적인 일을 규율하는 법.
형법	형벌 형(**刑**) + 법 법(**法**) 범죄와 형벌에 관한 법.
행정법	다닐 행(**行**) + 정사 정(**政**) + 법 법(**法**) 행정 기관과 국민 사이에 일어나는 일을 규율하는 법.

한자로 어휘 넓히기

商 상 장사하다	상인(**商人**) 장사를 해서 이익을 얻는 사람.
	상술(**商術**) 장사를 할 때 쓰는 전략이나 기술.
	상거래(**商去來**) 물건을 사고파는 장사 활동.

원고
原告

근원 원	알릴 고

물건을 팔기로 약속한 뒤 상대방이 약속을
지키지 않자, A는 법원에 소송을 제기했다.
이 경우 A는 **원고**,
약속을 어긴 상대방은 피고가 된다.

 ### 손에 잡히는 어휘 풀이

원(原)은 언덕 아래에서 샘솟는 물이라는 의미의 글자로, 의미가 확장되어 '근원, 시작'
이라는 뜻으로 쓰여요. 고(告)는 말로 어떤 사실을 알린다는 뜻이에요.

원고(原告)란 **법원에 민사 소송을 제기한 사람**이에요. 즉 재판을 시작한 사람을 가리켜
요. 원고는 민사 재판에서 쓰는 용어로, 형사 재판에서는 검사가 공소를 제기해요.

 ### 함께 알아 두기

재판	마를 재(**裁**) + 판단할 판(**判**) 분쟁이나 범죄가 있을 때 법에 따라 옳고 그름을 판단하는 절차.
피고	입을 피(**被**) + 알릴 고(**告**) 재판에서 소송을 당한 사람.
공소	공평할 공(**公**) + 하소연할 소(**訴**) 검사가 범죄가 발생했다고 판단하여 법원에 재판을 요청하는 일.

 ### 한자로 어휘 넓히기

告 고 알리다	고소(**告訴**) 억울함을 알리고 법적으로 하소연함.
	광고(**廣告**) 어떤 정보나 상품을 널리 알림.
	경고(**警告**) 조심하라고 알림.

심급제도
審 級 制 度

살필 심	등급 급	절제할 제	정도 도

A 씨는 **심급제도**에 따라 1심에서 패소한 뒤 2심에 항소하고, 필요하면 3심까지 재판을 받을 수 있다.

 ## 손에 잡히는 어휘 풀이

심(審)은 집(宀) 안의 모습을 자세히 살피는 것을 뜻해요. 급(級)은 '단계'나 '등급'을 의미해요.

심급제도(審級制度)란 **여러 단계의 법원에서 같은 사건을 자세히 살펴보는 제도**를 말해요. 우리나라는 같은 사건이라도 최대 세 번까지 재판을 받을 수 있는 삼심제를 시행하고 있어요. 이 제도는 공정하고 정확한 판단을 받을 기회를 주고, 억울한 사람이 다시 재판을 받을 수 있도록 보장하기 위해 만들어졌어요.

* 집 면(宀)

 ## 함께 알아 두기

항소	겨룰 항(抗) + 하소연할 소(訴) 1심 재판 결과에 불복해 2심 재판을 요청함.
상고	윗 상(上) + 알릴 고(告) 2심 결과에 불복해 더 높은 3심(대법원)에 판단을 다시 요청함.
대법원	큰 대(大) + 법 법(法) + 집 원(院) 우리나라에서 가장 높은 법원, 3심 재판을 담당함.

 ## 한자로 어휘 넓히기

級 급 등급, 단계	등급(等級) 정해진 기준에 따라 나눈 단계나 수준.
	계급(階級) 지위나 신분에 따라 나뉜 단계.
	체급(體級) 운동 경기에서 몸무게에 따라 나눈 단계.

천부인권
天 賦 人 權

하늘 천	줄 부	사람 인	권세 권

천부인권은 성별, 나이, 피부색, 장애 등에 관계없이 사람이라면 누구나 동등하게 누려야 하는 권리이다.

 ### 손에 잡히는 어휘 풀이

천(天)은 '하늘'을 뜻하며, 자연에서 온 것을 의미하기도 해요. 부(賦)는 '주다, 부여하다' 라는 뜻이에요. 인권(人權)은 사람이 사람답게 살기 위해 갖는 기본적 권리를 의미해요. 천부인권(天賦人權)이란 하늘이 준 권리라는 뜻으로, **태어날 때부터 누구나 갖는 기본 권**을 말해요. 오늘날 대부분의 국가에서는 헌법을 통해 평등권, 자유권 등 국민의 기본 권을 보장하고 있어요.

 ### 함께 알아 두기

인권 침해
사람 인(人) + 권세 권(權) + 침노할 침(侵) + 해칠 해(害)
사람이 마땅히 누려야 할 권리를 부당하게 빼앗거나 침해하여 해를 끼침.

인권 감수성
사람 인(人) + 권세 권(權) + 느낄 감(感) + 받을 수(受) + 성질 성(性)
인권 침해 상황을 민감하게 받아들이고 느끼는 성질.

자유권
스스로 자(自) + 말미암을 유(由) + 권세 권(權)
국가 권력의 간섭을 받지 않고 자유롭게 생활할 수 있는 권리.

 ### 한자로 어휘 넓히기

天
천
하늘, 자연에서 온 것

천연(天然)	사람의 힘이 닿지 아니하고 자연 그대로 존재해 온 상태.
선천적(先天的)	태어날 때부터 타고난 특성이나 성질.
마천루(摩天樓)	하늘에 닿을 만큼 높은 건물.

참정권
參政權

참여할 참	정사 정	권세 권

헌법은 인간의 존엄과 가치,
그리고 자유권, 평등권, **참정권** 등을
기본권으로 보장하고 있다.

 ### 손에 잡히는 어휘 풀이

참(參)은 어떤 것 세 개가 함께 있는 모습을 나타낸 글자로, '함께하다, 참여하다'를 뜻해요. 정(政)은 '정치, 나라와 관련된 일'을 의미해요.

참정권(參政權)이란 **국가의 정치에 참여할 수 있는 권리**를 말해요. 헌법이 보장하는 중요한 기본권 중 하나예요. 국민이 국가의 의사 결정에 참여할 수 있는 권리로 선거권, 공무 담임권, 국민 투표권 등이 있어요.

 ### 함께 알아 두기

선거권
뽑을 선(選) + 들 거(擧) + 권세 권(權)
국민이 선거에 참여해 대표를 뽑을 수 있는 권리. 후보로 참여할 수 있는 권리는 피선거권이라 한다.

공무 담임권
공평할 공(公) + 힘쓸 무(務) + 멜 담(擔) + 맡길 임(任) + 권세 권(權)
국민이 법에 따라 공적 업무를 담당할 수 있는 권리.

청원권
청할 청(請) + 원할 원(願) + 권세 권(權)
국민이 국가 기관에 자신의 의견이나 희망 사항을 문서로 제출할 수 있는 권리.

 ### 한자로 어휘 넓히기

참
참여하다, 함께하다

참석(參席)	어떤 자리에 직접 가서 참여함.
지참(持參)	어떤 물건을 들고 참여함.
참전(參戰)	전쟁에 직접 나가서 참여함.

공공복리
公 共 福 利

| 공평할 공 | 함께 공 | 복 복 | 이로울 리(이) |

[법 12−2단원]

누구나 자유롭게 집회를 할 수 있지만, 교통을 방해하거나 시민의 안전을 해치는 경우에는 **공공복리**를 이유로 제한될 수 있다.

 **손에 잡히는 어휘 풀이**

공공(公共)이란 국가나 사회의 구성원에게 두루 관계된다는 뜻이에요. '여럿이 함께'라는 의미지요. 복(福)은 제사(示)를 지낼 때 쓰는 그릇에 음식이 가득하다(畐)는 의미로, '행복하다'를 뜻해요. 리(利)는 '이익, 이롭다'라는 의미예요.

공공복리(公共福利)란 **모든 사람이 함께 누리는 행복과 이익**을 말해요. 사회 구성원 전체에 두루 관계되는 복지로서, 예를 들어 국민 건강 보험, 무상 급식 제도가 공공복리에 해당해요.

* 땅귀신 기(示), 가득할 복(畐)

 **함께 알아 두기**

복지	복 복(福) + 복 지(祉) 인간답게 살 수 있도록 도와주는 사회적 지원.
사회권	모일 사(社) + 모일 회(會) + 권세 권(權) 국가에 인간다운 생활을 요구할 수 있는 권리. 교육받을 권리, 근로의 권리 등.

 **한자로 어휘 넓히기**

利 리 이롭다, 이익	
	유리(有利) 어떤 일이나 상황이 이익이 되거나 편리한 상태에 있음.
	영리(營利) 이익을 얻기 위해 어떤 사업이나 활동을 함.
	이기적(利己的) 자기의 이익만을 생각하고 타인은 생각하지 않는 태도.

헌법소원

憲法訴願

법 헌	법 법	호소할 소	원할 원

국민이 **헌법소원**을 청구하면 헌법재판소는 헌법소원 심판을 통해 기본권을 보호한다.

 손에 잡히는 어휘 풀이

헌법(憲法)이란 국민의 기본권을 보장하는 국가의 최고 법이에요. 소(訴)는 말(言)로써 억울함을 알린다는 뜻이고, 원(願)은 '바라다, 원하다'를 의미해요. 소원(訴願)은 하소연하여 바로잡아 주기를 바란다는 뜻이에요.

헌법소원(憲法訴願)이란 **헌법이 보장한 권리를 지켜 달라고 요청하는 일**을 말해요. 자유권, 평등권과 같은 기본권을 침해당했을 때 헌법 재판소에 권리 구제를 요청할 수 있는 제도예요.

* 말씀 언(言)

 함께 알아 두기

소원	바 소(所) + 원할 원(願)	간절히 바라는 일.
위헌	어길 위(違) + 법 헌(憲)	어떤 제도나 법이 헌법에 어긋남.
구제	구원할 구(救) + 건널 제(濟)	어려움이나 피해를 입은 사람을 도와주거나 바로잡음.

 한자로 어휘 넓히기

願 원 원하다, 바라다	민원(民願) 국민이 행정 기관에 어떤 일을 해결하기를 요구하고 바람.
	탄원(歎願) 안타깝고 억울한 사정을 말하며 간절히 도와주기를 바람.
	자원(自願) 스스로 원해서 어떤 일을 함. 예) 자원봉사

파업
罷業

마칠 **파**	일 **업**

근로자들은 단체행동권을 바탕으로
파업을 통해
근로 조건 개선을 요구할 수 있다.

 **손에 잡히는 어휘 풀이**

파(罷)는 '마치다, 그만두다'를, 업(業)은 '일, 직업'을 뜻해요.

파업(罷業)이란 일을 잠시 멈추는 행동으로, **생산 활동이나 업무를 일시적으로 중단하는 집단 행동**을 말해요. 근로자들이 임금, 근무 시간, 복지 등 자신들의 근로 조건을 개선하기 위해 하는 행동으로, 단체행동권의 대표적인 방법 중 하나예요.

 **함께 알아 두기**

노동조합
일할 로/노(勞) + 움직을 동(動) + 짤 조(組) + 합할 합(合)
노동자들이 노동 조건 및 지위 향상을 위해 만든 조직.

단체 교섭
둥글 단(團) + 몸 체(體) + 사귈 교(交) + 건널 섭(涉)
근로자 단체인 노동조합이 사용자(회사)와 근로 조건에 관해 협의하는 것.

태업
게으를 태(怠) + 일 업(業)
근로자가 일을 일부러 느리게 하거나 불완전하게 하여 요구를 관철하려는 행동.

 **한자로 어휘 넓히기**

業 업 일, 직업	**취업(就業)** 일자리를 얻어 직업을 가지게 됨.
	창업(創業) 새로운 일이나 회사를 처음 시작함.
	생업(生業) 먹고 살기 위해 하는 일이나 직업.

임금 체불
賃 金 滯 拂

품삯 임	쇠 금	막힐 체	지불할 불

임금 체불은 근로자의 생계에 직접적인 영향을 미치기 때문에 법적으로 엄격하게 금지되어 있다.

 손에 잡히는 어휘 풀이

임(賃)은 '일한 대가'를, 금(金)은 여기에서는 '돈'을 뜻해요. 체(滯)는 '물(氵)이 막혀 흐르지 못하는 상태'를, 불(拂)은 '돈을 주다, 지불하다'를 뜻해요.

임금 체불(賃金滯拂)이란 **마땅히 받아야 할 일한 대가를 적게 받거나 제때 받지 못하는 것**을 말해요. 사용자가 근로자에게 정해진 날짜에 임금을 주지 않거나 지급을 거부하는 것은 근로자의 권리를 침해하는 행위예요.

* 삼수변 수(氵)

 함께 알아 두기

보수	갚을 보(報) + 갚을 수(酬) 어떤 일이나 수고에 대한 대가로 주는 돈이나 물건. Tip! 임금이 정해진 계약에 대한 정기 급여라면, 보수는 모든 형태의 보답으로서 더 넓은 개념이에요.
사용자	부릴 사(使) + 쓸 용(用) + 사람 자(者) 노동자를 고용하고 임금을 지급하는 사람 또는 회사. 고용주라고도 함.
진정	늘어놓을 진(陳) + 뜻 정(情) 국가 기관에 사정을 알리고 어떤 조치를 희망함.

 한자로 어휘 넓히기

賃 임 품삯, 대가	운임(運賃) 사람이나 물건을 운송해 주는 대가로 받는 돈.
	임차(賃借) 돈을 주고 남의 물건이나 집을 빌림.
	임대(賃貸) 돈을 받고 자기 물건이나 집을 남에게 빌려줌.

3장

과학

과학과 사회

- [x] 111 가설
- [ ] 112 변인
- [ ] 113 증강 현실

생명

- [ ] 114 세포
- [ ] 115 표피세포
- [ ] 116 엽록체
- [ ] 117 유기적
- [ ] 118 개체
- [ ] 119 변이
- [ ] 120 멸종

물리

- [ ] 121 입자
- [ ] 122 열화상 카메라

- [ ] 123 열평형
- [ ] 124 전도
- [ ] 125 대류
- [ ] 126 복사
- [ ] 127 열량
- [ ] 128 비열
- [ ] 129 열팽창
- [ ] 130 내열

화학

- [ ] 131 확산
- [ ] 132 증발
- [ ] 133 융해
- [ ] 134 기화
- [ ] 135 승화
- [ ] 136 흡수

- [ ] 137 중력
- [ ] 138 탄성력
- [ ] 139 마찰력
- [ ] 140 부력
- [ ] 141 합력
- [ ] 142 압력
- [ ] 143 질량

지구과학

- [ ] 144 행성
- [ ] 145 위성
- [ ] 146 흑점
- [ ] 147 일주운동
- [ ] 148 연주운동
- [ ] 149 상현
- [ ] 150 월식

가설

假 說

빌릴 **가** | 말씀 **설**

탐구 계획을 세울 때에는 **가설**이 맞는지
확인할 수 있는 실험을 설계한다.

 **손에 잡히는 어휘 풀이**

가(假)는 잠시 어떤 것을 빌려 사용한다는 의미예요. 그래서 '빌리다, 임시' 등의 뜻으로 쓰여요. 설(說)은 '말하다, 설명하다'라는 뜻이에요.

가설(假說)이란 임시로 내린 설명이란 뜻이에요. 어떤 현상의 원인이 무엇인지 알아내기 위해 **실험으로 확인하기 전 단계에서 미리 내리는 잠정적 결론**이지요. 가설은 반드시 실험이나 관찰을 통해 맞고 틀림을 증명할 수 있어야 해요. 그래서 보통 '만약 ~하면, ~할 것이다'라는 문장 형태로 표현돼요.

 **함께 알아 두기**

검증	검사할 검(檢) + 증거 증(證) 검사하여 증명함. 특히 가설의 참과 거짓을 확인하는 일.
실험	실제 실(實) + 시험할 험(驗) 가설을 실제로 시험하여 옳고 그름을 알아보는 행위.
탐구	찾을 탐(探) + 궁구할 구(究) 깊이 있게 파고들어 연구함. 문제를 해결하기 위한 과학적 전체 활동 과정.

  **한자로 어휘 넓히기**

假 **가** 빌리다, 임시	**가명(假名)** 진짜 이름 대신 쓰는 이름.
	가정(假定) 어떤 상황을 임시로 정함.
	가상(假想) 사실이 아닌 것을 사실이라고 가정하여 생각함.

변인

變 因

변할 **변**	원인 **인**

공기의 온도를 조작 **변인**, 풍선의 크기를 종속 **변인**으로 설정하고 실험했다.

 **손에 잡히는 어휘 풀이**

변(變)은 실(糸)처럼 꼬여 버린 어지러운 상황을 변화시킨다는 뜻이에요. 인(因)은 '원인, 이유'를 뜻해요.

변인(變因)이란 **실험에서 변화를 일으키는 원인**을 말해요. 즉, 결과에 영향을 주는 조건이나 요소를 가리켜요. 과학 실험을 할 때 우리는 가설이 맞는지 검증하려고 해요. 이때 실험에서 바꿔 보는 요소, 그대로 두는 요소 등을 모두 변인이라고 해요.

* 실 사(糸)

 **함께 알아 두기**

조작 변인	잡을 조(操) + 지을 작(作) + 변인 의도적으로 조절하거나 바꾸는 요소.
통제 변인	거느릴 통(統) + 절제할 제(制) + 변인 결과에 영향을 줄 수 있지만 일정하게 유지하는 요소.
종속 변인	따를 종(從) + 무리 속(屬) + 변인 조작 변인에 따라 결과가 달라지는 요소.

 **한자로 어휘 넓히기**

因 인 원인, 이유	인과(因果) 원인과 결과.
	기인(起因) 어떤 일이 일어나게 된 원인.
	요인(要因) 어떤 사물이나 현상을 일으킨 중요한 원인.

증강 현실
增 強 現 實

| 더할 증 | 강할 강 | 나타날 현 | 열매 실 |

실제 공간에 가상의 가구를
배치해 보는 애플리케이션은
증강 현실 기술을 이용한 것이다.

 **손에 잡히는 어휘 풀이**

증강(增強)이란 무엇인가를 더해 더욱 강하게 만드는 것을 뜻해요. 현실(現實)은 실제로 존재하는 상태를 의미해요.

증강 현실(增強現實)은 **실제로 존재하는 사물이나 환경에 디지털 요소를 더해 관련 정보를 제공하거나 더욱 생생하게 보여 주는 기술**을 말해요. 예를 들어 스마트폰 카메라로 책을 비췄을 때 화면에 애니메이션이나 설명 글이 겹쳐 보이게 해 사용자의 흥미를 유발하는 것은 증강 현실 기술을 활용한 사례예요.

 **함께 알아 두기**

가상 현실	거짓 가(假) + 생각 상(想) + 현실 디지털 기술을 이용해 상상을 현실처럼 보이게 만든 세계. Tip! 증강 현실이 실제 세계에 가상의 사물이나 환경을 덧붙이는 기술이라면 가상 현실은 현실처럼 보이는 공간을 디지털 기술로 새롭게 만드는 것을 말해요.
인공지능	사람 인(人) + 장인 공(工) + 알 지(知) + 능할 능(能) 사람처럼 판단하고 생각하는 능력을 컴퓨터 프로그램으로 구현한 기술.

 **한자로 어휘 넓히기**

增 증 더하다	증축(增築) 기존 건물에 공간을 더함.
	증진(增進) 힘이나 능력 등이 점점 더 좋아지고 나아짐.
	할증(割增) 기본 가격에 더해서 돈을 추가로 받음.

세포

細 胞

| 가늘 세 | 세포 포 |

지구에 사는 모든 생물은 **세포**로 이루어져 있으며 영국의 과학자 훅이 처음으로 발견했다.

손에 잡히는 어휘 풀이

세(細)는 '작고 가늘다', 포(胞)는 '막으로 싸인 주머니'라는 뜻을 가지고 있어요. 세포(細胞)는 현미경으로 보아야 할 정도로 **작고 막에 싸인 주머니**라는 뜻으로, 모든 생명체를 이루는 기본 단위예요. 세포 안에서는 다양한 생명활동이 일어나요. 동식물의 세포는 공통적으로 핵, 세포막, 에너지를 만드는 미토콘드리아 등으로 이루어져 있어요.

함께 알아 두기

세포막	가늘 세(**細**) + 세포 포(**胞**) + 막 막(**膜**) 세포를 감싼 얇은 막으로, 안과 밖을 구분하고 물질의 출입을 조절함.
세포벽	가늘 세(**細**) + 세포 포(**胞**) + 벽 벽(**壁**) 세포의 바깥을 둘러싼 단단한 구조로, 형태를 유지하고 보호함. 식물세포에서만 볼 수 있다.
핵	씨 핵(**核**) 세포 안에서 가장 중요한 중심 구조. 유전 정보를 담고 있고 생명활동을 조절한다.

한자로 어휘 넓히기

細 세 가늘다, 작다	모세(**毛細**) 털처럼 아주 가늘고 작음. 예) 모세혈관
	영세(**零細**) 규모가 아주 작고 변변치 못함. 예) 영세 상인
	명세서(**明細書**) 내용을 자세하게 밝힌 문서.

표피세포
表 皮 細 胞

겉 표	가죽 피	가늘 세	세포 포

현미경을 통해 양파 껍질을 관찰하면
표피세포의 구조를 확인할 수 있다.

 ### 손에 잡히는 어휘 풀이

표(表)는 원래 가장 바깥에 입는 옷(衣)을 의미하는 글자였어요. 지금은 '바깥, 겉'이라는 뜻으로 쓰여요. 피(皮)는 '가죽, 피부'라는 뜻이에요.

표피세포(表皮細胞)란 **식물의 가장 겉면을 이루는 세포**예요. 우리 몸의 피부처럼 식물 내부를 보호하고 수분 증발을 조절하는 역할을 해요. 표피세포 사이사이에는 숨구멍인 기공과 이를 조절하는 공변세포가 흩어져 있어요. 식물에게 표피세포가 있다면, 동물에게는 몸 겉면과 내장을 감싸는 상피세포가 있어요.

* 옷 의(衣)

 ### 함께 알아 두기

상피세포	윗 상(上) + 가죽 피(皮) + 세포 동물의 피부나 장기 표면을 덮은 세포.
기공	기운 기(氣) + 구멍 공(孔) 잎의 표면에 있는 공기가 드나드는 구멍.
공변세포	구멍 공(孔) + 가 변(邊) + 세포 기공의 양옆에서 기공을 여닫는 세포.

  ### 한자로 어휘 넓히기

表 표 겉, 바깥	표면(表面) 물체의 겉면.
	표정(表情) 얼굴에 나타나는 감정이나 기분.
	표리부동(表裏不同) 겉과 속이 다름.

엽록체

葉 綠 體

잎 엽	푸를 록(녹)	몸 체

엽록체는 광합성을 하여 식물이 스스로 양분을 만들어 내는 공장 역할을 하는 곳이다.

 ## 손에 잡히는 어휘 풀이

엽(葉)은 나무(木) 위에 여러 겹으로 돋아난 부분, '잎'을 뜻해요. 록(綠)은 '푸르다'라는 뜻이에요. 푸르다는 맑고 선명한 파란색과 녹색 모두를 뜻해요. 체(體)는 몸, 기관을 의미해요. 엽록체(葉綠體)란 **식물의 잎에 들어 있는 녹색을 띤 작은 기관**이에요. 이곳에 엽록소라는 초록색 색소가 들어 있지요. 엽록체의 가장 중요한 역할은 빛 에너지를 흡수하여 식물이 살아가는 데 필요한 광합성(光合成)을 하는 것이에요. 동물 세포에는 없기 때문에 식물 세포와 동물 세포를 구분하는 중요한 기준이 돼요.

* 나무 목(木)

 ## 함께 알아 두기

포도당	포도 포(葡) + 포도 도(萄) + 엿 당(糖) 단맛이 나는 가장 기본적인 당류로, 생물이 에너지를 얻기 위해 사용하는 중요한 영양소. Tip! 포도에서 처음 추출해 내어 포도당이라는 이름이 붙었어요.
산소	실 산(酸) + 바탕 소(素) 호흡할 때 반드시 필요한 기체로, 광합성을 통해 포도당과 산소가 만들어진다.

 ## 한자로 어휘 넓히기

綠 **록(녹)** 풀, 푸르다	**녹음(綠陰)** 나뭇잎이 무성하여 만들어진 그늘.
	녹화(綠花) 나무나 풀을 심어 땅을 푸르게 만드는 일.
	상록수(常綠樹) 1년 내내 푸른 나무.

유기적

有機的

있을 유	틀 기	과녁 적

생물의 몸은 세포들이 단순히 모여 있는 것이 아니라 세포, 조직, 개체 등의 단계를 거쳐 **유기적**으로 구성된다.

 **손에 잡히는 어휘 풀이**

유(有)는 '가지고 있다'란 뜻이에요. 기(機)는 원래 옷감을 짜는 베틀을 뜻하는데, 오늘날에는 수많은 실이 얽혀 있는 베틀처럼 복잡한 장치나 기능을 하는 '틀, 기계'를 의미하게 되었어요. 유기(有機)는 글자 그대로 풀이하면 생명의 기능을 가진 틀이라는 뜻이에요. 적(的)은 '~의, ~하는 성질'이란 뜻을 가진 접미사예요.

유기적(有機的)이란, 생물의 몸 안에서 **장기들이 서로 긴밀하게 관계하며 생명을 유지하듯, 전체를 구성한 각 부분이 서로 밀접하게 관련되어 떼려야 뗄 수 없는 상태**를 가리켜요.

 **함께 알아 두기**

유기체	있을 유(**有**) + 틀 기(**機**) + 몸 체(**體**) 구성 요소들이 유기적으로 연결되어 전체로서 작동하는 생명체.
상생	서로 상(**相**) + 날 생(**生**) 서로 도우며 함께 살아감.
순환	돌 순(**循**) + 고리 환(**環**) 주기적으로 자꾸 되풀이하여 도는 과정.

 **한자로 어휘 넓히기**

機 기 틀, 기계, 구조	기기(**器機**) 기계를 통틀어 이르는 말. 예) 의료기기
	기제(**機制**) 어떤 작용이 일어나는 구조나 원리.
	무전기(**無電機**) 전선을 연결하지 않고 전파를 이용해 음성을 주고받는 통신 기계.

개체
個 體

| 낱 개 | 몸 체 |

생물의 다양성은 서로 다른 **개체**들이 만들어 내는 생태계의 균형과 깊은 관련이 있다.

 ### 손에 잡히는 어휘 풀이

개(個)는 '낱, 하나하나 따로'인 것을 가리켜요. 체(體)는 '몸'을 뜻해요.

개체(個體)란 하나하나 따로 떨어진 생명의 몸이란 의미로, **스스로 숨 쉬고 영양분을 섭취하며 독립적으로 살아가는 생물체**를 가리켜요. 생물의 분류 단위 중 가장 작은 단위로 한 마리 개, 한 그루 나무는 모두 개체에 해당해요.

생물은 여러 단계를 거쳐 개체가 되는데, 식물은 세포, 조직, 조직계, 기관 단계를 거쳐 개체로, 동물은 세포, 조직, 기관, 기관계 단계를 거쳐 개체로 구성돼요.

 ### 함께 알아 두기

조직	짤 조(組) + 짤 직(織) 비슷한 종류의 세포가 모여 하나의 기능을 수행하는 구조. 예) 상피 조직, 근육 조직 등. Tip! 여러 조직이 모여 큰 기능을 하는 체계를 조직계라고 해요.
기관	그릇 기(器) + 벼슬 관(官) 서로 다른 조직이 모여 하나의 특정 기능을 수행하는 부분. 예) 위, 심장 등. Tip! 서로 관련된 기관이 모여 큰 역할을 나누어 맡는 체계를 기관계라고 해요. 예) 소화계, 호흡계 등.

 ### 한자로 어휘 넓히기

個 개 낱, 하나	
	개인(個人) 한 사람 또는 어느 특정한 사람.
	개성(個性) 개인이 가지고 있는 고유한 성질.
	개월(個月) 달을 하나하나 세는 단위.

변이
變 異

변할 **변**	다를 **이**

변이는 생물의 다양성을 높이고,
자연선택의 원동력이 되기도 한다.

 **손에 잡히는 어휘 풀이**

변(變)은 무엇인가 변하거나 바뀌는 것을, 이(異)는 서로 다른 것을 뜻해요.
변이(變異)는 어떤 것이 바뀌어 서로 달라진 것, 즉 **같은 종류의 생물에서 나타나는 서로 다른 특징**을 말해요. 예를 들어 사람마다 지문이나 눈동자 색이 다른 것, 바지락 껍데기의 색깔과 무늬가 제각각인 것 등이 변이예요. 유전자가 다양하게 조합되어 변이가 일어나고, 이렇게 생겨난 다양한 개체들 덕분에 지구상의 생물이 더욱 풍성하고 다양해져요.

 **함께 알아 두기**

유전자	남길 유(**遺**) + 전할 전(**傳**) + 아들 자(**子**) 생물의 특징을 결정하고, 자손에게 물려주는 정보 단위. 세포의 핵 속에 있음.
돌연변이	갑자기 돌(**突**) + 그럴 연(**然**) + 변할 변(**變**) + 다를 이(**異**) 갑자기 생긴 유전적 변화.
염색체	물들 염(**染**) + 빛 색(**色**) + 몸 체(**體**) 세포 속 핵에 들어 있는, 유전 정보를 담고 있는 구조물.

  **한자로 어휘 넓히기**

異 이 다르다	**이단(異端)** 정통에서 벗어난 다른 학설이나 종교.
	이방인(異邦人) 다른 나라 혹은 지역 사람.
	이질적(異質的) 성질이 다른 것.

멸종
滅 種

| 다할 멸 | 씨 종 |

생물 다양성을 유지하기 위해서는
멸종 위기에 처한 종들을
보호하려는 노력이 필요하다.

 ## 손에 잡히는 어휘 풀이

멸(滅)은 원래 불이 꺼지는 모습을 나타내는 글자예요. '사라지다, 없어지다'를 뜻해요.
종(種)은 원래 '씨앗'이란 뜻이에요. 생명과학에서 종(種)은 같은 특징을 가진 생물 집단
으로 생물 분류의 기본 단위예요.
멸종(滅種)이란 대를 이어갈 씨앗이 불이 꺼지듯 완전히 사라지다, 즉 **종의 마지막 개체
가 완전히 사라진 상태**를 가리켜요. 최근에는 인간 활동, 서식지 파괴, 남획, 기후 변화
등의 이유로 멸종이 빠르게 증가하고 있어요.

 ## 함께 알아 두기

서식지	살 서(棲) + 쉴 식(息) + 땅 지(地) 생물이 일정하게 자리를 잡고 사는 곳.
남획	넘칠 람/남(濫) + 잡을 획(獲) 짐승이나 물고기를 마구잡이로 잡음.
멸종 위기종	멸종 + 위태할 위(危) + 틀 기(機) + 씨 종(種) 가까운 미래에 멸종 위기에 처할 가능성이 높은 종.

  ## 한자로 어휘 넓히기

滅 **멸** 사라지다, 없어지다	**멸망(滅亡)** 나라나 조직 등이 망하여 없어짐.
	불멸(不滅) 영원히 사라지지 않음. 죽지 않음.
	박멸(撲滅) 해충이나 병균을 남김없이 쳐서 없앰.

부록

입자
粒 子

낟알 립(입) | 아들 자

모든 물질은 눈에 보이지 않는
작은 **입자**로 이루어져 있다.

손에 잡히는 어휘 풀이

립(粒)은 쌀(米)처럼 작은 알갱이를 뜻해요. 자(子)는 원래 '아들, 자식'을 의미하지만 과학에서는 원자, 중성자처럼 아주 작은 단위를 나타내는 접미사로 쓰여요.

입자(粒子)란 쌀알처럼 아주 작고 미세한 알갱이란 뜻<u>으</u>로, **물질을 이루는 기본 성분**이에요. 고체, 기체, 액체는 모두 입자로 이루어져 있어요. 입자는 가만히 있지 않고 계속 움직이는데, 물질이 어떤 상태냐에 따라 그 모습이 달라져요.

* 쌀 미(米)

함께 알아 두기

원자	근원 원(原) + 아들 자(子) 물질을 이루는 <u>기본 단위</u>. Tip! 입자는 가장 넓은 개념으로 원자, 분자, 전자 등을 포함해요.
분자	나눌 분(分) + 아들 자(子) 원자 두 개 이상이 <u>결합된 단위</u>.
전자	전기 전(電) + 아들 자(子) <u>음전하를 가지고 있는 기본 입자</u>.

한자로 어휘 넓히기

子 자 자식, 씨앗	**자궁(子宮)** 자식을 품는 곳. 태아가 자라는 여성의 생식 기관.
	오미자(五味子) 다섯 가지 맛이 난다고 하는 <u>씨앗(열매)</u>.
	이자(利子) 원금에 붙어 이익이 되는 <u>것</u>.

열화상 카메라
熱 畫 像

더울 **열**	그림 **화**	형상 **상**

실험에서 **열화상 카메라를** 이용해 온도에 따라 물체의 색이 어떻게 달라지는지 관찰할 수 있었다.

 손에 잡히는 어휘 풀이

열(熱)의 아래쪽에 있는 네 점(灬)은 불을 나타내요. 불로 생기는 '뜨거움, 열기'를 나타내는 글자예요. 화(畫)는 '그리다', 상(像)은 '모양, 이미지'를 뜻해요.

열화상(熱畫像) 카메라는 **물체에서 나오는 열을 감지해 그림 같은 형상으로 보여 주는 장치**예요. 우리 눈에는 보이지 않지만, 모든 물체는 온도에 따라 열(적외선)을 내뿜어요. 열화상 카메라는 물체가 내뿜는 적외선 에너지를 감지해 온도가 높은 부분은 빨간색이나 노란색으로, 온도가 낮은 부분은 파란색이나 보라색으로 보여 줘요.

* 연화발 화(灬)

 함께 알아 두기

적외선	붉을 적(**赤**) + 바깥 외(**外**) + 줄 선(**線**) 붉은색 바깥쪽의 빛으로 사람의 눈에 보이지 않음.
감지	느낄 감(**感**) + 알 지(**知**) 느껴서 알아차림. 온도나 소리 등의 변화를 기계를 통해 알아냄.

 한자로 어휘 넓히기

畫 화 그림, 그리다	화소(**畫素**) 화면을 구성하는 최소 단위의 점.
	인화(**印畫**) 사진을 종이에 찍어 냄.
	자화상(**自畫像**) 화가가 자기 자신을 그린 그림.

열평형

熱平衡

더울 열	평평할 평	저울 형

금속 컵에 뜨거운 물을 부으면,
시간이 지나면서 컵과 물이 모두
같은 온도가 되어 **열평형**에 도달한다.

손에 잡히는 어휘 풀이

평(平)은 바닥이 고른 평평한 상태를 나타내요. 형(衡)은 '저울' 또는 '저울질하다'라는 뜻이에요. 평형(平衡)이란 양쪽의 무게가 같아 기울어지지 않은 수평을 이룬 상태를 말해요.

열평형(熱平衡)이란 **열이 이동하여 양쪽 온도가 저울대처럼 수평을 이룬 상태**를 말해요. 뜨거운 물체와 차가운 물체가 접촉하면 열은 항상 온도가 높은 곳에서 낮은 곳으로 흘러가고, 시간이 흘러 두 물체의 온도가 같아지면 더 이상 열이 이동하지 않아요. 이 상태가 열평형이에요.

함께 알아 두기

온도	따뜻할 온(溫) + 정도 도(度) 따뜻하거나 차가운 정도.
보온	지킬 보(保) + 따뜻할 온(溫) 주위의 온도에 관계없이 일정한 온도를 유지함.
열역학	더울 열(熱) + 힘 력/역(力) + 배울 학(學) 열과 일, 에너지의 관계를 다루는 물리학 분야.

한자로 어휘 넓히기

平 평 평평하다	공평(公平) 어느 쪽으로도 치우치지 않음.
	평준화(平準化) 수준이나 차이를 일정하게 맞춤.
	지평선(地平線) 땅과 하늘이 평평하게 맞닿아 이루는 선.

전도

傳 導

전할 전	인도할 도

나무젓가락은 금속에 비해
열의 **전도**가 잘 일어나지 않는다.

 ## 손에 잡히는 어휘 풀이

전(傳)은 '어떤 것을 옮기다, 전달하다'라는 뜻이고, 도(導)는 길을 따라 '이끌다, 유도하다'라는 뜻이에요.

전도(傳導)란 **열이나 전기 같은 에너지가 물질을 길잡이 삼아 이웃한 곳으로 전달되는 현상**을 말해요. 고체 물질을 이루는 입자들은 열을 받으면 활발하게 진동하면서 열 에너지를 옆으로 전달해요. 입자 자체는 그대로 있고 열 에너지만 이동하기 때문에 물질의 형태는 변하지 않아요. 열이 전도되는 정도는 물질의 종류에 따라 달라져요.

 ## 함께 알아 두기

전도	전할 전(傳) + 길 도(道) 도리를 세상에 널리 알림. Tip! 종교를 전도한다는 뜻의 '전도'와 열이 전도된다는 뜻의 '전도'는 음은 같지만 한자와 의미가 다른 단어예요.
금속	쇠 금(金) + 무리 속(屬) 쇠붙이에 속하는 물질. 구리, 철, 금, 은, 스테인리스 등.
열전도율	더울 열(熱) + 전할 전(傳) + 인도할 도(導) + 비율 률/율(率) 물질이 열을 전달하는 정도를 나타내는 값.

 ## 한자로 어휘 넓히기

傳 전 전달하다, 옮기다	구전(口傳) 입에서 입으로 전해 내려오는 것.
	전통(傳統) 예로부터 전해 내려오면서 계승된 문화나 생활방식.
	전파(傳播) 정보나 문화 등이 널리 퍼지는 것.

대류
對 流

| 대할 대 | 흐를 류(유) |

냉난방기를 작동하면 **대류**에 의해 방 전체가 골고루 시원해지거나 따뜻해진다.

 **손에 잡히는 어휘 풀이**

대(對)는 '마주하다, 서로 대하다'라는 뜻이에요. 류(流)는 물(氵)이 여러 갈래로 흐르는 모습을 표현한 글자예요.

대류(對流)란 뜨거운 부분과 차가운 부분이 서로 마주하며 흐른다는 의미로, **공기나 액체가 이동하면서 상하 방향의 흐름이 생기는 현상**을 말해요. 기체나 액체는 열을 받으면 가벼워져서 위로 올라가고, 위에 있던 차갑고 무거운 부분은 아래로 내려와요. 이렇게 위아래가 서로 맞물리면서 순환하게 되지요. 온도 차이로 인해 위아래로 열이 전달되는 현상은 액체나 기체에서만 일어나요.

* 삼수변 수(氵)

 **함께 알아 두기**

| 지열 | 땅 지(地) + 더울 열(熱)
지구 내부에서 발생하는 열에너지. |
| 냉난방기 | 찰 랭/냉(冷) + 따뜻할 난(煖) + 방 방(房) + 틀 기(機)
냉방, 난방을 모두 할 수 있는 기계. |

 **한자로 어휘 넓히기**

流 류 흐르다, 이동하다	물류(物流) 물건이 생산지에서 소비자에게까지 전달되는 흐름과 과정.
	지류(支流) 큰 강에서 갈라져 나온 작은 물줄기.
	유행(流行) 흐르듯 널리 퍼짐. 많은 사람이 따르고 즐김.

복사
輻射

바퀴살 복	쏠 사

검은 옷은 햇빛을 잘 흡수해
복사열로 더 뜨겁게 느껴진다.

 **손에 잡히는 어휘 풀이**

복(輻)은 '바큇살'이란 뜻이에요. 수레바퀴 중심을 보면 바깥쪽으로 뻗어 나간 길쭉한 막대가 있지요. 이것을 바큇살이라고 해요. 사(射)는 '화살을 쏘다'라는 뜻이에요.
복사(輻射)란 바큇살이 사방으로 뻗어 나가듯, **열이나 에너지가 직접 사방으로 퍼져 나가는 현상**을 말해요. 공기나 물 같은 물질을 거치지 않고 전자기파 형태로 직접 전달되는 방식이지요. 태양 에너지가 진공 상태인 우주를 거쳐 지구에 도달하는 것이 복사의 대표적인 사례예요.

 **함께 알아 두기**

복사	겹칠 복(複) + 베낄 사(寫) 원본을 베낌. Tip! 복사기를 이용해 복제하는 '복사'와 열의 이동방식 중 하나인 '복사'는 음이 같지만 한자와 의미가 다른 단어예요.
진공	참 진(眞) + 빌 공(空) 물질이 전혀 존재하지 않는 공간, 기체 분자가 거의 없는 상태.

 **한자로 어휘 넓히기**

射 사 쏘다	사격(**射擊**) 총이나 활로 목표물을 쏨.
	반사(**反射**) 빛, 소리, 열 등이 어떤 표면에 부딪혀 다시 튕겨 나오는 현상.
	사수(**射手**) 총이나 화살을 쏘는 사람.

열량
熱 量

| 더울 **열** | 헤아릴 **량(양)** |

물을 가열할 때 물의 질량이 많을수록
더 많은 **열량**이 필요하다.

 손에 잡히는 어휘 풀이

열(熱)은 '더워지다, 태우다' 또는 물체가 따뜻하거나 뜨거운 상태를 뜻해요. 량(量)은 곡식을 담은 그릇의 모양을 본뜬 글자로 수량을 '재다, 헤아리다' 또는 '양, 크기, 정도'를 의미해요.

열량(熱量)은 열이 얼마나 있는지를 나타내는 양, 즉 **물질이 흡수하거나 방출한 열에너지의 양을 수치로 나타낸 것**이에요. 보통 단위로는 칼로리(cal)로 표시해요. 열량은 물질의 질량, 온도 변화에 따라 달라져요.

 함께 알아 두기

고열량
높을 고(**高**) + 더울 열(**熱**) + 헤아릴 량/양 (**量**)
단위 질량이나 양에 비해 많은 열에너지를 내거나 저장한 상태. 예) 고열량 음식, 고열량 연료 등.

에너지 보존 법칙
에너지 + 지킬 보(**保**) + 있을 존(**存**) + 법 법(**法**) + 법칙 칙(**則**)
에너지는 형태만 변할 뿐 총량은 변하지 않는다는 법칙.

 한자로 어휘 넓히기

量 량 헤아리다, 재다	**함량(含量)** 어떤 물질에 들어 있는 성분의 양.
	강수량(降水量) 일정한 장소에 내린 비나 눈의 물의 양.
	도량형(度量衡) 길이, 무게 등을 재는 단위와 방법.

비열
比 熱

| 견줄 비 | 더울 열 |

물의 **비열**을 1로 했을 때
모래는 0.19, 콩기름은 0.47, 얼음은 0.50이다.

 ### 손에 잡히는 어휘 풀이

비(比)는 두 사람이 나란히 서 있는 모습을 본뜬 글자예요. '비교하다, 견주다'라는 뜻이에요. 열(熱)은 '뜨겁다, 덥다'라는 뜻이지요.

비열(比熱)이란 서로 비교할 수 있도록 정해 놓은 기준에 따라 나타낸 열의 양, 즉 **물질 1kg의 온도를 1℃ 올리는 데 필요한 열량**이에요. 비열이 큰 물질은 같은 열을 받아도 온도가 잘 변하지 않고, 비열이 작은 물질은 온도가 쉽게 변해요. 비열은 물질의 종류에 따라 고유한 값을 가져요.

 ### 함께 알아 두기

열용량

더울 열(**熱**) + 수용할 용(**容**) + 헤아릴 량/양(**量**)
물체 전체의 온도를 1℃ 올리는 데 필요한 열량.
Tip! 열용량은 비열×질량으로 계산할 수 있어요.

 ### 한자로 어휘 넓히기

比 비 견주다, 비교하다	비교(**比較**) 둘 이상을 견주어 살펴봄.
	비율(**比率**) 한 수량이 다른 수량에 비해 얼마만큼인지 나타냄.
	비례(**比例**) 한쪽이 변할 때 다른 쪽도 일정한 비율로 변하는 관계.

열팽창
熱膨脹

| 더울 **열** | 부풀 **팽** | 부풀 **창** |

여름에는 전봇대 사이의 전깃줄이 늘어나고
기차 철로의 틈이 좁아지는데
열팽창 때문이다.

 ## 손에 잡히는 어휘 풀이

팽(膨)과 창(脹)은 원래 '배가 부르다'라는 뜻이에요. 팽(膨)은 안에서 힘이 생겨 겉으로 '부풀다, 불어나 커지다'란 뜻이고, 창(脹)은 크기나 부피가 '늘어나다, 부풀어 오르다'란 뜻이에요. 즉 팽창(膨脹)이란 물체의 부피나 길이가 커지는 현상을 말해요.

열팽창(熱膨脹)은 **물체가 열을 받아 부풀어 커지는 현상**이에요. 물질은 온도가 올라가면 부피가 커져요. 입자들이 열에너지를 받아 더 빠르게 움직이고 이에 따라 입자 사이의 거리가 멀어지기 때문이에요.

 ## 함께 알아 두기

| 수축 | 거둘 수(**收**) + 줄일 축(**縮**)
부피나 규모가 줄어듦. 물질의 온도가 내려가 부피가 줄어드는 현상. |
| 팽창계수 | 부풀 팽(**膨**) + 부풀 창(**脹**) + 맬 계(**係**) + 셈 수(**數**)
물질이 온도가 올라갔을 때 팽창하는 정도를 수치로 나타낸 것. |

  ## 한자로 어휘 넓히기

熱 열 덥다, 뜨겁다	열정(**熱情**) 뜨거운 마음, 무엇인가에 몰입하는 감정.
	열사병(**熱射病**) 뜨거운 햇볕이나 고온에 오래 노출되어 생기는 질병.
	열대야(**熱帶夜**) 방 밖 기온이 25도 이상인 더운 밤.

내열
耐熱

| 견딜 **내** | 더울 **열** |

내열 플라스틱은
전자레인지용 용기로 널리 쓰인다.

 **손에 잡히는 어휘 풀이**

내(耐)는 '참다, 견디다'라는 뜻이에요. 원래 턱수염(而)을 뽑는 형벌을 잘 참는다는 뜻에서 유래한 글자예요.

내열(耐熱)이란 열을 잘 견딘다는 뜻이에요. **높은 온도에서도 성질이나 형태가 쉽게 변하지 않고 잘 견디는 성질**을 말해요. 주로 재료나 물질에 대해 설명할 때 사용해요. 내열 유리로 만든 유리잔은 뜨거운 물을 부어도 잘 깨지지 않아요.

* 말이을 이(而)

 **함께 알아 두기**

단열	끊을 단(斷) + 더울 열(熱) 열이 전달되지 않도록 막음.
내구성	견딜 내(耐) + 오랠 구(久) + 성질 성(性) 오래 견디는 성질. 오랫동안 써도 쉽게 망가지지 않는 성질.

 **한자로 어휘 넓히기**

내
견디다, 참다

인내(忍耐) 괴롭거나 힘든 일을 참고 견딤.
내진(耐震) 지진에 견딤. 또는 그런 성질.
내성(耐性) 약물이나 병균 등에 견디는 성질.

확산

擴 散

| 넓힐 확 | 흩어질 산 |

물 위에 잉크를 떨어뜨리면 시간이 지날수록 잉크가 물속에 퍼지는 모습을 볼 수 있는데, 이것이 **확산**이다.

 손에 잡히는 어휘 풀이

확(擴)은 손(扌)으로 잡아 늘이는 모습을 표현한 글자로 '넓히다'라는 뜻이에요. 산(散)은 '흩어진다'라는 의미예요.

확산(擴散)은 어떤 물질이나 현상, 생각 등이 널리 퍼져 나가는 것을 말해요. 과학에서는 **입자가 계속 운동하면서 농도가 높은 곳에서 낮은 곳으로 퍼져 나가는 현상**을 가리켜요. 입자는 입자가 많은 곳에서 적은 곳으로 이동하려는 성질을 가지고 있어요. 물 위에 잉크를 떨어뜨리면 시간이 지날수록 잉크가 물속에 퍼져 나가요. 이것이 확산이에요.

*재방변 수(扌)

 함께 알아 두기

농도	짙을 농(濃) + 정도 도(度) 진함과 묽음을 나타내는 정도. 용액에 녹아 있는 물질의 양을 나타낸 값.
삼투	스며들 삼(滲) + 통과할 투(透) 반투과성 막을 통해 물이 스며들어 이동하는 현상. 예) 식물 뿌리가 흙 속의 물을 흡수하는 것.
용질	녹을 용(溶) + 바탕 질(質) 용액에 녹아 있는 물질. 확산할 때 퍼지는 주체가 된다.

 한자로 어휘 넓히기

散 산 흩어지다	
	분산(分散) 한곳에 모여 있던 것이 여러 방향으로 나뉘어 흩어짐.
	비산(飛散) 가루나 액체 방울이 날려 흩어짐.
	이산가족(離散家族) 전쟁이나 재난으로 서로 흩어져 살게 된 가족.

증발

蒸 發

찔 증	필 발

젖은 빨래를 바람이 잘 통하는 곳에 넣어 두면 물기가 **증발**해 금방 마른다.

 **손에 잡히는 어휘 풀이**

증(蒸)은 불(灬)로 쪄서 김이 오르는 모습을 표현한 글자예요. '찌다, 데우다, 김이 오르다'를 뜻해요. 발(發)은 화살을 쏘듯 무엇인가 밖으로 힘차게 나오는 모습을 형상화한 글자예요. '(꽃이) 피다, 일어나다, 나타나다'를 뜻해요.

증발(蒸發)이란 액체가 기체가 되어 피어오른다는 뜻으로, **액체를 이루는 입자들이 운동하다가 그중 일부가 액체 표면에서 기체로 변하는 현상**을 말해요. 증발은 액체가 끓지 않아도, 끓는점보다 낮은 온도에서 천천히 일어날 수 있어요.

* 연화발 화(灬)

 **함께 알아 두기**

증기	찔 증(蒸) + 기운 기(氣) 액체가 증발하여 생긴 기체.
표면	겉 표(表) + 얼굴 면(面) 물체의 가장 바깥쪽 부분.
증발 냉각	증발 + 찰 랭/냉(冷) + 물리칠 각(却) 액체가 증발하면서 주변 온도가 낮아지는 현상.

 **한자로 어휘 넓히기**

發 **발** 쏘다, 피다, 일어나다	돌발(**突發**) 예고 없이 갑자기 발생함.
	발광(**發光**) 물체가 빛을 냄.
	휘발성(**揮發性**) 액체가 증발하여 기체가 되기 쉬운 성질.

"""

융해

融 解

녹을 융	풀 해

초콜릿을 손에 쥐고 있으면 체온에 의해
녹아 흐르는 것도 **융해** 현상 중 하나이다.

 **손에 잡히는 어휘 풀이**

융(融)은 단단한 것이 열을 받아 풀어지고 녹는 모습을 나타내요. 해(解)는 뿔(角) 달린
동물을 칼(刀)로 자르는 모습에서 유래한 글자로, '풀다, 떼어 내다, 녹이다'를 뜻해요.
융해(融解)란 **고체가 열을 흡수하여 액체 상태로 녹아서 풀어지는 현상**을 가리켜요. 에
너지를 얻은 입자들이 진동하면서 서로의 결합을 끊고 자유롭게 움직이는 상태가 되는
것이지요. 얼음이 0°C에서 녹는 것처럼 물질마다 융해점(녹는점)이 있어요. 반대로 액
체가 열을 빼앗겨 다시 고체로 굳어지는 현상을 응고라고 해요.

*뿔 각(角), 칼 도(刀)

 **함께 알아 두기**

융합	녹을 융(融) + 합할 합(合) 둘 이상의 물질이 녹아 합쳐짐.
응결	엉길 응(凝) + 맺을 결(結) 기체가 열을 잃고 액체로 맺힘.

 **한자로 어휘 넓히기**

融 융 녹다	융화(融和) 서로 녹아들 듯 어울려 갈등 없이 화목하게 됨.
	융통(融通) 굳은 생각이나 막힌 상황이 녹아 풀려, 일이 막힘없이 오가 도록 처리하는 것.

기화

氣化

기운 **기** | 될 **화**

주전자의 물이 끓거나, 비가 그친 뒤 도로가 마르는 것처럼 **기화**는 일상생활에서도 쉽게 관찰할 수 있다.

손에 잡히는 어휘 풀이

기(氣)에는 쌀 미(米)가 들어 있어요. 쌀로 밥을 지을 때 나는 수증기, 즉 '기체'를 뜻하는 글자예요. 화(化)는 '되다, 변하다'라는 뜻이에요.

기화(氣化)란 **액체가 열을 흡수하여 기체로 변하는 현상**을 가리켜요. 액체 입자들이 주변의 열을 흡수해 에너지가 넘치면 서로를 당기던 힘을 이겨내고 공중으로 튀어나가 기체가 돼요. 기화에는 증발과 끓음이라는 두 가지 종류가 있어요. 액체 표면에서 입자가 서서히 기체로 변하는 것은 '증발'이고, 액체 표면은 물론 내부에서도 기포가 생기며 급격히 기체로 변하는 것은 '끓음'이에요.

함께 알아 두기

기화열
기운 기(氣) + 될 화(化) + 더울 열(熱)
액체를 기체로 만들 때 필요한 열.

수증기
물 수(水) + 찔 증(蒸) + 기운 기(氣)
물이 기화하여 생긴 기체.

액화
액체 액(液) + 될 화(化)
기체가 액체로 변하는 현상. ↔ 기화
Tip! 응결은 주로 자연현상에서, 액화는 인공적 상황에서 쓰여요.

한자로 어휘 넓히기

化 화 되다, 변하다	
	진화(進化) 생물이 더 발전된 형태로 변해 감.
	부화(孵化) 알 속의 생명이 알을 깨고 나오게 됨.
	화학(化學) 물질의 성질과 구성 변화 등을 연구하는 과학 분야.

승화
昇 華

오를 승	빛날 화

드라이아이스는 고체 상태에서 액체가 되는 과정을 거치지 않고 직접 기체로 **승화**한다.

 ### 손에 잡히는 어휘 풀이

승(昇)은 해(日)가 떠오르는 모습을 나타낸 글자로 '오르다'를 뜻해요. 화(華)는 꽃의 모양을 본뜬 글자예요. '빛나다, 화려하다'라는 의미지요.

승화(昇華)란 더 높은 단계로 올라가 빛을 낸다는 의미로, 어떤 현상이 더 높은 상태로 발전하는 일을 뜻해요. 과학 분야에서는 **고체와 기체 사이에서 일어나는 특별한 상태 변화**를 말해요. 액체 단계를 거치지 않고 고체에서 기체로 또는 기체에서 고체로 변하는 현상이지요.

* 해 일(日)

 ### 함께 알아 두기

동상	얼 동(凍) + 상할 상(傷) 강한 추위에 피부나 신체 조직이 얼어 손상된 상태.
밀도	빽빽할 밀(密) + 정도 도(度) 빽빽하게 모여 있는 정도. 일정한 부피 안에 있는 물질의 질량 비율.
밀폐	빽빽할 밀(密) + 닫을 폐(閉) 틈이나 구멍 없이 꼭 닫거나 막음.

 ### 한자로 어휘 넓히기

昇 승 오르다	승진(昇進) 지위나 직급이 올라감.
	승천(昇天) 죽어 하늘로 올라감.
	승강기(昇降機) 사람이나 물건을 위로 이동시키는 기계.

흡수

吸收

마실 **흡**	거둘 **수**

도로에 물을 뿌리면 물이 기화하면서
열에너지를 **흡수**하므로 주변이 시원해진다.

 ### 손에 잡히는 어휘 풀이

흡(吸)은 입(口)으로 어떤 것을 끌어당긴다, 즉 '빨아들이다, 숨을 들이마시다'라는 뜻이에요. 수(收)는 '거두어들이다, 모으다'를 의미해요.

흡수(吸收)란 **숨을 들이마시듯 빨아들이고 거두어들인다**는 뜻이에요. 빛, 물질, 열에너지 등을 안으로 받아들이는 모든 일을 가리켜요. 예를 들어 운동 후 땀이 마를 때 시원함을 느끼는 것은 액체인 땀이 기화하면서 우리 몸의 열에너지를 흡수하기 때문이에요.

*입 구(口)

 ### 함께 알아 두기

방출	놓을 방(**放**) + 나갈 출(**出**) 밖으로 내보냄, 에너지나 물질을 외부로 퍼뜨리는 것. ↔ 흡수
흡착	마실 흡(**吸**) + 붙을 착(**着**) 표면에 달라붙음. 예) 숯이 냄새를 흡착해 제거함.
흡입	마실 흡(**吸**) + 들 입(**入**) 들이마심. 예) 코로 공기를 흡입함.

  ### 한자로 어휘 넓히기

收 **수** 거두다, 모으다	수거(**收去**) 거두어 가져감.
	추수(**秋收**) 가을에 농작물을 거두어들임.
	수확(**收穫**) 농작물이나 노력의 결과를 거두어 얻음.

중력
重 力

| 무거울 중 | 힘 력(역) |

사과나무에 매달려 있던 사과는
지구 중심을 향해 떨어진다.
이것은 **중력**이 지구 중심 방향으로
작용하기 때문이다.

손에 잡히는 어휘 풀이

중(重)은 물건이 겹겹이 쌓여 있는 모습으로 '무겁다', '무게'를 뜻해요. 력(力)은 밭을 가는 쟁기의 모습으로 '힘'을 뜻해요.

중력(重力)이란 **지구가 물체를 무겁게 끌어당기는 힘**을 말해요. 우리가 바닥에 발을 딛고 서 있을 수 있는 것도, 공중에 던진 공이 다시 바닥으로 떨어지는 것도 모두 지구가 물체를 당기고 있기 때문이에요. 중력은 지구상의 모든 물체에 작용하는데, 물체가 무거울수록 지구가 당기는 중력의 크기도 커져요.

함께 알아 두기

만유인력	일만 만(萬) + 있을 유(有) + 끌 인(引) + 힘 력/역(力) 질량을 가진 모든 물체가 서로 끌어당기는 힘. 뉴턴이 발견함.
자유낙하	스스로 자(自) + 말미암을 유(由) + 떨어질 락/낙(落) + 아래 하(下) 공기 저항 없이 중력만 받아 물체가 떨어지는 운동.
중량	무거울 중(重) + 헤아릴 량/양(量) 물건의 무거운 정도, 어떤 물체에 작용하는 중력의 크기. 무게라고도 한다.

한자로 어휘 넓히기

重 중 무겁다, 무게	
	중상(重傷) 심하게 다친 큰 부상.
	중공업(重工業) 기계, 조선 등 크고 무거운 것을 다루는 공업.
	거중기(擧重機) 무거운 물건을 들어 올리는 기계.

탄성력
彈 性 力

| 탄알 **탄** | 성질 **성** | 힘 **력(역)** |

용수철을 손으로 눌렀다 놓으면
탄성력이 작용해 원래 모양으로 되돌아간다.

손에 잡히는 어휘 풀이

탄(彈)은 활(弓)에 걸린 돌이 멀리 튕겨 나가는 모습을 나타내는 글자예요. '튀다, 튕겨 나가다, 되돌아오다'라는 뜻을 가지고 있어요.

탄성력(彈性力)이란 **튕겨서 되돌아가려는 성질을 가진 힘**을 가리켜요. 스프링이나 고무줄은 힘을 주어 잡아당기면 모양이 변하지만 힘을 없애면 다시 원래 모습으로 돌아오려고 해요. 이때 물체가 원래 모양으로 되돌아가기 위해 내는 힘이 탄성력이에요.

* 활 궁(弓)

함께 알아 두기

용수철	용 룡/용(龍) + 수염 수(鬚) + 쇠 철(鐵) 용의 수염처럼 생긴 늘고 주는 탄력이 있는 쇠줄.
탄성 한계	탄알 탄(彈) + 성질 성(性) + 한할 한(限) + 경계 계(界) 변형된 물체가 원래 모양으로 돌아갈 수 있는 최대한의 범위.
복원력	돌이킬 복(復) + 근원 원(原) + 힘 력/역(力) 변형된 상태에서 원래 상태로 되돌아가려는 힘.

한자로 어휘 넓히기

性 성 성질, 성품	**만성(慢性)** 병이나 현상이 천천히 오랫동안 진행되는 성질. 예) 만성 피로
	근성(根性) 마음속에 굳게 자리 잡힌 성질이나 기운.
	성향(性向) 성질에 따라 쏠리는 방향.

마찰력

摩 擦 力

문지를 마	문지를 찰	힘 력(역)

운동화의 밑창은 바닥과의 **마찰력**을 크게 하여, 걷거나 뛸 때 미끄러지지 않도록 도와준다.

손에 잡히는 어휘 풀이

마(摩)는 '손(手)으로 문지르다'라는 뜻이에요. 찰(擦)은 '손(扌)으로 비비다'라는 뜻이에요.

마찰력(摩擦力)이란 물체가 서로 맞닿아 문지르고 비빌 때 생기는 힘으로, **두 물체의 접촉면에서 물체의 운동을 방해하는 힘**을 가리켜요. 운동 방향과 반대 방향으로 작용하지요. 표면이 거칠수록 또는 물체가 무거울수록 마찰력이 커져요.

*손 수(手), 재방변 수(扌)

함께 알아 두기

윤활유	불을 윤(潤) + 미끄러울 활(滑) + 기름 유(油) 기계의 마찰 부분에 바르거나 넣어 마찰을 줄이고 부식을 방지하는 기름.
마모	갈 마(磨) + 줄 모(耗) 마찰 등으로 물체의 표면이 닳아 없어짐.
저항	막을 저(抵) + 겨룰 항(抗) 어떤 작용이나 변화에 버티거나 반발하는 현상이나 힘.

한자로 어휘 넓히기

摩 마 갈다, 문지르다	안마(按摩) 손으로 주무르거나 문질러서 피로를 풀어 주는 일.
	무마(撫摩) 문제나 갈등을 부드럽게 덮어 없앰.
	마천루(摩天樓) 하늘을 문지를 듯 높이 솟은 건물.

부력
浮 力

뜰 부	힘 력(역)

배에 짐을 많이 실어 무게가 증가하면
배의 아랫부분이 물에 더 잠긴다.
물에 잠긴 배의 부피가
커지면 **부력**의 크기도 커진다.

 ### 손에 잡히는 어휘 풀이

부(浮)는 '물 위에 뜨다'라는 뜻이에요.

부력(浮力)이란 물체를 떠오르게 하는 힘이란 의미로 **액체나 기체가 물체를 중력과 반대 방향인 위쪽으로 밀어 올리는 힘**이에요. 부력의 크기는 물체가 액체나 기체 속에 잠기면서 밀어낸 만큼의 무게와 똑같아요. 물체가 떠오르느냐 아니냐는 부력과 중력의 힘겨루기에 달려 있어요. 배가 물에 뜨고 풍선이 하늘로 떠오르는 현상은 모두 중력보다 부력이 크기 때문이에요.

 ### 함께 알아 두기

유체	흐를 류/유(流) + 몸 체(體) 흐르는 성질을 가진 물체, 액체와 기체를 아울러 이르는 말.
자기 부상 열차	자석 자(磁) + 기운 기(氣) + 뜰 부(浮) + 윗 상(上) + 벌일 렬/열(列) + 수레 차(車) 전자석의 반발력을 이용하여 선로 위에 떠서 달리는 열차.

  ### 한자로 어휘 넓히기

浮 부 뜨다, 떠오르다	부양(浮揚) 물체나 상황이 떠오르거나 살아나도록 이끄는 일.
	부침(浮沈) 오르내림, 성공과 실패.
	부유물(浮遊物) 먼지나 기름처럼 물 위나 공중에 떠 있는 물질.

합력
合 力

합할 합	힘 력(역)

박스에 오른쪽으로 5N,
왼쪽으로 3N이 작용하면,
합력은 2N이며 박스는 오른쪽으로 움직인다.

 ### 손에 잡히는 어휘 풀이

합(合)은 그릇과 뚜껑이 합쳐지는 모습을 본딴 글자예요. '모으다, 합하다'라는 뜻이에요.

합력(合力)이란 **물체에 작용하는 여러 힘을 하나로 합친 힘**을 가리켜요. 실제로 물체에 최종적으로 작용한 힘이라는 뜻에서 '알짜힘'이라고도 불러요. 두 힘이 같은 방향으로 작용할 때는 두 힘을 더한 것과 같고, 두 힘이 반대 방향으로 작용할 때는 큰 힘에서 작은 힘을 뺀 것과 같아요.

 ### 함께 알아 두기

힘의 평형	평평할 평(**平**) + 저울대 형(**衡**) 합력이 0이 되어 물체가 움직이지 않는 상태.
장력	베풀 장(**張**) + 힘 력/역(**力**) 당기거나 당겨지는 힘.

 ### 한자로 어휘 넓히기

合 **합** 모으다, 합하다	합성(**合成**) 여러 요소를 모아서 하나로 만드는 것.
	연합(**聯合**) 두 개 이상의 단체나 나라가 힘을 합함.
	합병증(**合併症**) 주된 질병에 덧붙어 나타나는 다른 질병.

압력

壓 力

누를 압 | 힘 력(역)

스키의 넓은 바닥은
눈에 가해지는 **압력**을 줄여,
눈 속으로 깊이 빠지지 않도록 도와준다.

 **손에 잡히는 어휘 풀이**

압(壓)은 땅(土) 위에 무엇인가 단단하게 쌓여 있는 모습을 가리키는 글자로, '누르다'를 뜻해요.

압력(壓力)이란 내리누르는 힘이라는 뜻으로, **일정한 면적을 수직으로 누르는 힘의 크기**를 말해요. 같은 힘이라도 면적이 좁을수록 압력이 커지고, 면적이 넓을수록 압력이 작아져요. 예를 들어 송곳은 끝이 뾰족해서 좁은 면적에 큰 압력을 집중시켜 물체를 쉽게 뚫을 수 있어요.

* 흙 토(土)

 **함께 알아 두기**

면적	얼굴 면(面) + 쌓을 적(積) 평면 또는 어떤 표면의 크기.
대기압	큰 대(大) + 기운 기(氣) + 누를 압(壓) 대기가 지표면이나 물체에 작용하는 힘.
수압	물 수(水) + 누를 압(壓) 물의 무게로 물속의 물체에 작용하는 힘.

 **한자로 어휘 넓히기**

壓 압 누르다	압축(壓縮) 물체에 압력을 가하여 부피를 줄임.
	혈압(血壓) 피가 혈관 벽을 누르는 힘.
	압박(壓迫) 물리적 또는 정신적으로 억누름.

질량
質 量

| 바탕 **질** | 헤아릴 **량(양)** |

100mL의 물과 식용유를 각각 전자저울에
올려 보았더니, 물의 **질량**이 약 100g,
식용유는 약 90g이었다.
같은 부피라도 **질량**은 다를 수 있다.

손에 잡히는 어휘 풀이

질(質)은 보태거나 꾸미지 않은 어떤 물건의 속성, 본질을 가리켜요. 량(量)은 '수량을 재다, 헤아리다'를 뜻해요.

질량(質量)이란 **물체가 가진 본래의 양**을 말해요. 따라서 측정하는 장소가 지구이든 달이든 혹은 무중력 상태인 우주 공간이든 절대 변하지 않아요. 질량은 주로 윗접시 저울을 이용해 측정해요. 질량이 클수록 원래 상태를 유지하려는 성질인 '관성'도 커져요.

함께 알아 두기

관성	익숙할 관(**慣**) + 성질 성(**性**) 물체가 운동 상태를 유지하려는 성질.
질량 보존 법칙	질량 + 지킬 보(**保**) + 있을 존(**存**) + 법 법(**法**) + 법칙 칙(**則**) 물질은 화학 변화나 물리 변화 중에도 전체 질량이 변하지 않음.
물질	물건 물(**物**) + 바탕 질(**質**) 일정한 질량을 가지고 공간을 차지하는 것.

한자로 어휘 넓히기

質 질 바탕, 본질	기질(**氣質**) 사람의 타고난 성격이나 성품의 바탕.
	재질(**材質**) 재료가 가지는 성질.
	다혈질(**多血質**) 성격이 활달하고 감정 표현이 빠른 기질.

행성

行星

| 다닐 행 | 별 성 |

태양계는 태양, **행성**, 왜소 **행성**, 소행성, 혜성, 위성 등으로 이루어져 있다.

 손에 잡히는 어휘 풀이

행(行)은 사거리, 즉 길이 교차하는 모습을 나타내는 글자예요. 그래서 '길, 다니다'를 의미해요. 성(星)은 태양(日) 아래 생겨난(生) 빛나는 것이란 뜻이에요.

행성(行星)이란 움직이는 별이란 의미로, 스스로 빛을 내는 항성(恒星)과 달리 **스스로 빛을 내지 못하고 태양 주위를 타원 궤도로 도는 천체**를 말해요. 태양계에는 여덟 개의 행성이 있고 지구도 그중 하나예요.

*해 일(日), 날 생(生)

 함께 알아 두기

천체	하늘 천(**天**) + 몸 체(**體**) 우주 공간에 떠 있는 모든 물체.
소행성	작을 소(**小**) + 다닐 행(**行**) + 별 성(**星**) 주로 화성과 목성 사이에 있는 암석이나 금속으로 이루어진 작은 천체.
왜소 행성	작을 왜(**矮**) + 작을 소(**小**) + 다닐 행(**行**) + 별 성(**星**) 행성처럼 생겼지만 크기가 작고 행성의 기준을 충족하지 못한 천체. 명왕성이 대표적이다.

 한자로 어휘 넓히기

行 행 가다, 다니다, 행동	서행(**徐行**) 속도를 줄여 천천히 감.
	만행(**蠻行**) 거칠고 비인간적인 야만스러운 행동.
	행인(**行人**) 길을 다니는 사람.

위성
衛星

| 지킬 위 | 별 성 |

 **손에 잡히는 어휘 풀이**

위(衛)는 가죽을 겹겹이 감싸 보호한다는 뜻의 글자로, '지키다, 둘러싸다'를 의미해요. 위성(衛星)이란 행성을 호위하듯 그 주위를 도는 별이라는 뜻으로, **행성 주위를 공전하는 천체**를 가리켜요. 위성에는 자연적으로 생긴 자연 위성과 인공적으로 만든 인공위성이 있어요. 달은 지구의 하나뿐인 자연 위성이고, 통신, 기상 관측 등을 위한 여러 인공위성이 지구 주위를 돌고 있어요.

 **함께 알아 두기**

공전	공평할 공(公) + 구를 전(轉) 한 천체가 다른 천체의 둘레를 일정한 궤도를 따라 주기적으로 도는 일.
궤도	바퀴자국 궤(軌) + 길 도(道) 천체나 인공위성, 입자 따위가 움직이는 일정한 길.
혜성	꼬리별 혜(彗) + 별 성(星) 태양 주위를 타원형 궤도로 도는 작은 천체. 태양에 가까워지면 태양의 열에 의해 얼음이 기체로 변하면서 꼬리가 생기는 데서 유래한 이름이다.

 **한자로 어휘 넓히기**

 **衛** 위 지키다	위생(**衛生**) 건강을 지키기 위한 청결과 생활 습관.
	호위(**護衛**) 따라다니며 보호하고 지킴.
	민방위(**民防衛**) 국민이 재난이나 전쟁에 대비해 지키고 방어하는 제도.

흑점

黑 點

검을 흑	점 점

흑점의 수가 많아지면 태양 활동이 활발해지고, 이로 인해 통신 장애나 오로라 같은 현상이 나타날 수 있다.

 ### 손에 잡히는 어휘 풀이

흑(黑)은 무언가 불(灬)에 타 검게 되었다는 의미의 글자예요. 불에 그을려 까매진 모습을 떠올려 보세요. 점(點)은 검은(黑) 먹으로 작은 점(占)을 찍는다는 뜻이에요.

흑점(黑點)이란 **태양의 표면에 나타나는 검은 점**이에요. 이 검은 점은 태양 표면보다 온도가 낮아 어둡게 보여요. 흑점의 수명, 크기, 모양은 다양하며 흑점의 수는 약 11년 주기로 변해요.

*연화발 화(灬), 점령할 점(占)

 ### 함께 알아 두기

광구	빛 광(光) + 공 구(球) 맨눈으로 보았을 때 밝고 둥글게 보이는 태양의 표면층.
채층	무늬 채(彩) + 층 층(層) 광구 바로 위 붉은색의 얇은 대기층.
홍염	붉을 홍(紅) + 불꽃 염(焰) 광구나 채층의 물질이 불꽃처럼 코로나까지 뻗어 나가는 현상.

  ### 한자로 어휘 넓히기

黑 흑 검다, 나쁘다	흑심(黑心) 겉으로 드러나지 않은 나쁜 마음.
	흑자(黑字) 수입이 지출보다 많아 생기는 차액. 검은색으로 글자를 쓴 데서 유래함.
	흑백논리(黑白論理) 선과 악 등 모든 문제를 양 극단으로만 판단하려는 생각.

일주운동
日周運動

날 일	둘레 주	옮길 운	움직일 동

지구의 자전 때문에 태양과 별이 동쪽에서 떠서 서쪽으로 지는 것처럼 보이는 것을 **일주운동**이라고 한다.

[지구과학 7-2단원]

 ### 손에 잡히는 어휘 풀이

일(日)은 해를 본뜬 글자로 해가 떴다가 지는 '하루, 날'을 의미해요. 주(周)는 '둘레', 다시 말해 '한 바퀴를 돌다, 순환하다'라는 뜻이에요. 운동(運動)은 옮겨 움직임, 즉 물체가 시간이 지남에 따라 위치를 바꾸는 것을 의미해요.

일주운동(日周運動)이란 하루를 주기로 한 바퀴 도는 운동을 말해요. **지구가 매일 한 바퀴씩 스스로 돌기(자전) 때문에, 하늘에 있는 별이나 태양, 달이 반대로 지구 주위를 하루에 한 바퀴씩 도는 것처럼 보이는 현상**이에요. 별의 일주운동은 지구 자전과 반대 방향으로 나타나요.

 ### 함께 알아 두기

자전	스스로 자(自) + 구를 전(轉) 천체가 자기 자신을 중심으로 회전하는 운동.
천구	하늘 천(天) + 공 구(球) 하늘에 천체가 붙어 있는 것처럼 보이는 가상의 둥근 하늘.
북극성	북쪽 북(北) + 다할 극(極) + 별 성(星) 하늘의 북쪽 끝에 거의 고정된 것처럼 보이는 별. 일주운동의 중심처럼 보인다.

 ### 한자로 어휘 넓히기

周 주 둘레, 두루	
	주위(周圍) 어떤 것을 중심으로 그 둘레나 근처.
	주파수(周波數) 일정한 시간 동안 되풀이되는 파동의 횟수.
	원주율(圓周率) 원의 지름에 대한 둘레의 비. 약 3.14.

연주운동
年 周 運 動

해 **년(연)**	둘레 **주**	옮길 **운**	움직일 **동**

연주운동 때문에 봄에는 사자자리, 여름에는 전갈자리 같은 계절별 별자리가 달라진다.

손에 잡히는 어휘 풀이

년(年)은 '한 해'를, 주(周)는 '둘레', 다시 말해 '한 바퀴를 돌다'를 뜻해요. 운동(運動)은 옮겨 움직임, 즉 물체가 시간이 지남에 따라 위치를 바꾸는 것을 의미해요.

연주운동(年周運動)이란 1년에 한 바퀴 둘레를 도는 운동을 말해요. **지구가 태양 주위를 1년에 한 바퀴씩 돌기(공전) 때문에 지구에서 태양을 보면 마치 태양이 움직이는 것처럼 보이는 현상**이에요. 태양은 황도 12궁을 따라 서쪽에서 동쪽으로 이동하는데 이 운동 때문에 계절마다 밤하늘에서 보이는 별자리가 달라져요.

함께 알아 두기

황도 12궁	누를 황(黃) + 길 도(道) + 열 십(十) + 둘 이(二) + 집 궁(宮) 태양이 1년 동안 하늘에서 이동하는 길로, 12개 구역으로 나눔.
절기	마디 절(節) + 기운 기(氣) 태양의 위치 변화에 따른 계절의 구분, 24절기가 있다.

한자로 어휘 넓히기

年 년 해(1년), 나이	풍년(**豊年**) 곡식을 많이 거두어들여 풍성한 해.
	연금(**年金**) 노후에 해마다 지급되는 돈.
	연소자(**年少者**) 나이가 어린 사람.

상현
上弦

| 위 **상** | 활시위 **현** |

태양, 지구, 달이 직각을 이룰 때 **상현**이 되며 일주일 뒤에 보름달이 된다.

손에 잡히는 어휘 풀이

상(上)은 '위' 또는 '오르다'라는 뜻이에요. 현(弦)은 활대에 걸어서 당기는 줄, '활시위'를 뜻해요. 그 모습이 반달을 닮아서 달의 모양을 표현할 때 써요.

상현(上弦)이란 활시위가 위쪽을 향한 반달이란 뜻으로, **오른쪽 반원이 밝게 보이는 달**을 말해요. 달은 한 달을 주기로 모습이 변하는데, 아예 보이지 않는 삭에서 시작해 초승달, 상현달, 보름달(망) 순으로 커졌다가 다시 하현달, 그믐달을 거쳐 작아져요. 상현달은 보통 음력 7~8일경 저녁 무렵 남쪽 하늘에서 볼 수 있어요.

함께 알아 두기

달의 위상	자리 위(位) + 모양 상(相) 달이 지구를 한 바퀴 도는 동안 지구에서 보이는 달의 위치와 모양.
하현	아래 하(下) + 활시위 현(弦) 달의 왼쪽 반원이 밝게 보이는 형태, 음력 23일경 나타남.
삭	초하루 삭(朔) 음력 1일, 달이 태양과 같은 방향에 있어 보이지 않는 날.

한자로 어휘 넓히기

上 **상** 위, 오르다	**상류(上流)** 강물의 위쪽 또는 사회적으로 높은 계층.
	노상(路上) 길 위, 도로 위.
	설상가상(雪上加霜) 눈 위에 서리를 더함. 안 좋은 상황에 안 좋은 일이 겹침.

월식
月 蝕

| 달 월 | 좀먹을 식 |

개기 **월식**이 일어날 때, 달은 지구의 본그림자에 완전히 들어가 붉은색으로 보이기도 한다.

손에 잡히는 어휘 풀이

월(月)은 초승달의 모양을 본뜬 글자예요. '달' 또는 '한 달'을 의미해요. 식(蝕)은 벌레(虫)가 음식을 파먹거나 갉아먹는 모습으로 '좀먹다'라는 뜻이에요.

월식(月蝕)이란 달이 좀먹듯 가려진다는 의미로, **달의 전체 또는 일부가 가려지는 현상**이에요. 태양, 지구, 달이 이 순서대로 일직선에 놓일 때 달이 지구의 그림자 속으로 들어가 가려지는 현상이지요. 전체가 가려지면 개기 월식, 일부만 가려지면 부분 월식이라고 해요.

*벌레 충(虫)

함께 알아 두기

개기 월식	모두 개(皆) + 이미 기(既) + 달 월(月) + 좀먹을 식(蝕) 달이 지구의 그림자에 완전히 가려지는 월식.
일식	해 일(日) + 좀먹을 식(蝕) 해가 좀먹힘. 태양과 지구 사이에 달이 위치해 태양을 가리는 현상.

한자로 어휘 넓히기

月 월 달	격월(隔月) 한 달 걸러 한 번.
	월급(月給) 일한 대가로 매달 받는 급여.
	일취월장(日就月將) 날로 발전하고 달마다 성장함. 꾸준히 발전함.

4장

역사

사관
史 觀

역사 사	볼 관

산업 혁명이라는 하나의 사건도
사관에 따라 해석이 달라진다.

 **손에 잡히는 어휘 풀이**

사(史)는 원래 왕이나 나라의 일을 기록하던 관리를 뜻했어요. 그러다 점차 '역사, 기록'
이라는 의미로 쓰이게 되었지요. 관(觀)은 '보다, 바라보는 관점'을 뜻해요.

사관(史觀)이란 **역사를 바라보는 관점**을 말해요. 같은 역사적 사건도 연구하는 사람의
기준이나 입장에 따라 다르게 해석하거나 기록할 수 있어요. 역사를 공부할 때는 이런
관점의 차이를 이해하는 것이 중요해요.

 **함께 알아 두기**

역사	지날 력/역(**歷**) + 역사 사(**史**) 여러 시대를 거쳐 온 인간 사회의 변천을 기록한 것.
사관	역사 사(**史**) + 벼슬 관(**官**) 나라의 역사와 임금의 언행을 기록하던 관리.
민족사관	백성 민(**民**) + 겨레 족(**族**) + 역사 사(**史**) + 볼 관(**觀**) 민족을 주체로 하여 역사를 해석하는 관점.

 **한자로 어휘 넓히기**

史 사 역사	사극(**史劇**) 역사를 소재로 만든 드라마나 연극.
	국사(**國史**) 우리나라의 역사.
	선사시대(**先史時代**) 글로 역사를 기록하기 이전의 시대.

사료
史 料

| 역사 **사** | 헤아릴 **료(요)** |

새로운 **사료**가 발견되면
기존의 역사 해석이 달라지기도 한다.

 ### 손에 잡히는 어휘 풀이

사(史)는 '기록, 역사'라는 뜻이에요. 료(料)는 원래 곡식을 가리키는 글자로, 어떤 것을 만드는 데 필요한 재료라는 뜻이에요.

사료(史料)란 **역사 연구에 필요한 자료**를 말해요. 옛날 사람들이 남긴 글, 유물, 건물 등 다양한 흔적이 모두 사료가 될 수 있어요. 역사가는 사료를 비판적으로 살펴보고 분석하면서 과거의 사실과 의미를 연구해요.

 ### 함께 알아 두기

문헌	글월 문(**文**) + 드릴 헌(**獻**) 연구의 자료가 되는 문서나 서적.
유적	남길 유(**遺**) + 자취 적(**蹟**) 옛사람이 남긴 삶의 자리나 흔적. 건축물, 집터, 싸움터 등.
유물	남길 유(**遺**) + 물건 물(**物**) 옛사람이 남긴 도구, 장식품과 같은 물건.

 ### 한자로 어휘 넓히기

料
료
재료, 자료

원료(**原料**) 어떤 것을 만드는 데 바탕이 되는 재료.
향신료(**香辛料**) 음식의 맛과 향을 내는 재료.
사료(**飼料**) 가축에게 주는 먹이.

기원전
紀 元 前

| 벼리 **기** | 으뜸 **원** | 앞 **전** |

역사를 공부할 때, **기원전**과 기원후를 구분하면 시대의 흐름을 더 정확히 이해할 수 있다.

 손에 잡히는 어휘 풀이

기(紀)의 뜻인 벼리는 그물의 위쪽 코를 꿰어 놓은 줄로, 그물을 오므렸다 폈다 하는 핵심 줄이에요. 여기서 확장되어 '근본, 기강'의 의미를 가지게 되었어요. 원(元)은 우뚝 서 있는 사람의 머리 모습을 본뜬 글자로, '근본, 처음'이란 의미예요. 즉 기원은 그물을 던질 때 벼리를 잡고 방향을 잡듯이 새로운 출발이 되는 기준점을 뜻해요.

기원전(紀元前)은 '앞, 이전'을 뜻하는 전(前)이 붙어 시간을 세는 기준점 이전이라는 뜻이에요. **예수가 탄생하기 이전 시대**를 가리키는 말이지요. 예수 탄생 이후는 기원후라고 하며, '서기'라고도 불러요.

 함께 알아 두기

서기	서녘 서(**西**) + 벼리 기(**紀**) 서양에서 기독교를 기준으로 삼아 세는 연호, 그리스도 탄생을 기준으로 한다.
연호	해 년/연(**年**) + 이름 호(**號**) 황제나 왕이 즉위한 뒤 새로 정하여 쓰던 연도의 이름.
역법	달력 력/역(**曆**) + 법 법(**法**) 해와 달의 운행을 기준으로 날짜를 정하는 방법.

 한자로 어휘 넓히기

元 원 처음, 으뜸	
	원년(元年) 임금이 처음 즉위한 해.
	원수(元首) 국가의 최고 통치자.
	원금(元金) 이자를 붙이지 않은 처음의 돈.

직립보행
直立步行

| 곧을 직 | 설 립(입) | 걸을 보 | 다닐 행 |

인류는 **직립보행**을 통해 넓은 시야를 확보하고 먼 거리를 효율적으로 이동할 수 있었다.

 ### 손에 잡히는 어휘 풀이

직(直)은 '곧다, 바르다'를, 립(立)은 '서다'를 뜻해요. 보(步)는 '걸음', 행(行)은 '다니다'를 의미해요.

직립보행(直立步行)은 **곧게 서서 두 발로 걷는 것**을 말해요.

인류는 네 발로 걷는 동물과 달리 두 발로 서서 걷게 되면서 손을 자유롭게 사용하게 되었어요. 이러한 변화는 도구를 만들거나 불을 사용하는 등 문명을 발전시키는 데 중요한 계기가 되었어요.

 ### 함께 알아 두기

두개골	머리 두(頭) + 덮을 개(蓋) + 뼈 골(骨) 머리 부분을 덮고 있는 뼈.
진화	나아갈 진(進) + 될 화(化) 생물이 단순한 것에서 복잡한 것으로, 하등에서 고등으로 변하고 발달하는 과정.
인류	사람 인(人) + 무리 류(類) 사람이라는 부류, 곧 사람 전체.

 ### 한자로 어휘 넓히기

步 보 걷다	보폭(步幅) 걸을 때 발을 내디딘 간격.
	보도(步道) 사람이 걸어 다니도록 만든 길.
	경보(競步) 규칙에 따라 걷는 경기.

신석기 혁명
新 石 器 革 命

새로울 신	돌 석	그릇 기
가죽 혁		명령 명

신석기 혁명으로 식량이 안정적으로 생산되자 인구가 늘어나고 마을 공동체가 형성되었다.

 ### 손에 잡히는 어휘 풀이

신(新)은 '새로운', 석(石)은 '돌', 기(器)는 '그릇'이나 '도구'를 뜻해요. 신석기는 한자 그대로 새로운 돌로 만든 도구(석기)를 말해요. 가죽을 벗기듯 낡은 것을 바꾸는 혁(革)과 운명을 뜻하는 명(命)이 합쳐진 혁명(革命)은 세상을 크게 바꾸는 일을 의미해요.

신석기 혁명(新石器革命)은 **새로운 석기 시대에 일어난 큰 변화, 수만년의 수렵·채집 생활에서 벗어나 스스로 식량을 생산하게 된 위대한 변화**를 말해요. 신석기시대 사람들은 구석기보다 발전된 갈돌, 간석기 같은 정교한 돌 도구를 사용했어요. 이 시기에 농사를 짓고 목축을 시작하면서 정착 생활이 가능해졌고, 인구도 점점 늘어났어요.

 ### 함께 알아 두기

구석기	옛 구(舊) + 돌 석(石) + 그릇 기(器) 오래된 돌로 만든 도구, 다듬어지지 않은 뗀석기.
목축	기를 목(牧) + 가축 축(畜) 사람에게 필요한 가축을 기르는 일.
정착	정할 정(定) + 붙을 착(着) 일정한 곳에 머물러 지냄.

 ### 한자로 어휘 넓히기

器 기 그릇, 도구	무기(武器) 싸움이나 전쟁에 쓰는 도구.
	토기(土器) 원시 시대에 쓰던 흙으로 만든 그릇.
	소화기(消火器) 불을 끄는 데 쓰는 기구.

문명
文 明

| 글월 **문** | 밝을 **명** |

세계 최초로 **문명**이 일어난 곳은 티그리스강과 유프라테스강 유역의 메소포타미아 지역이었다.

 ### 손에 잡히는 어휘 풀이

문(文)은 글, 무늬, 예절과 같은 문화적 요소를 뜻하고, 명(明)은 '밝다, 드러나다'란 뜻이에요.

문명(文明)은 문화적으로 밝아진 사회, 곧 인간 생활이 일정 수준 이상으로 발전한 상태를 가리켜요. **원시 생활을 벗어나 고도로 발달한 인간의 문화와 사회**를 이르는 말이지요.

문자 사용, 청동기 제작, 도시 국가 출현 등이 문명 사회의 주요 특징이에요. 메소포타미아, 나일강, 인더스강, 황허강 유역에서 발생한 문명을 흔히 4대 문명이라고 불러요.

 ### 함께 알아 두기

문화	글월 문(**文**) + 될 화(**化**) 사람이 만들어 낸 지식, 예술, 제도와 같은 모든 정신적·물질적 산물.
원시 생활	근원 원(**原**) + 시작할 시(**始**) + 날 생(**生**) + 살 활(**活**) 인류 사회가 처음 시작할 때의 생활.
청동기	푸를 청(**靑**) + 구리 동(**銅**) + 그릇 기(**器**) 구리에 주석을 섞어 만든 푸른빛의 그릇이나 도구.

 ### 한자로 어휘 넓히기

明 명 밝다	명암(**明暗**) 밝음과 어두움.
	규명(**糾明**) 자세히 따져 사실을 밝힘.
	명일(**明日**) 밝아 오는 다음 날, 내일.

봉건제
封建制

봉할 **봉**	세울 **건**	절제할 **제**

기원전 11세기경 주나라는 넓은 영토를
효과적으로 다스리기 위해 **봉건제**를 실시하였다.

손에 잡히는 어휘 풀이

봉(封)은 '땅을 나누어 주다, 경계를 정하다'를, 건(建)은 '세우다'를 뜻해요. 제(制)는 절제하다, 통제하다라는 뜻이 확장되어 '제도, 법률'을 의미하지요.

봉건제(封建制)란 **왕이 친족이나 신하에게 땅을 나누어 주고 제후로 삼아 지방을 다스리게 하고, 그 대신 그들에게 충성과 군사적 도움을 받는 제도**를 말해요. 왕은 수도 일대를 직접 통치하고, 나머지 지역은 제후들에게 다스리게 함으로써 넓은 영토를 효과적으로 지배하고 국가의 질서를 유지했어요.

함께 알아 두기

제후	여러 제(**諸**) + 제후 후(**侯**) 일정한 영토를 가지고 그 지역 내 백성을 지배하는 권력을 가진 사람.
공신	공로 공(**功**) + 신하 신(**臣**) 나라에 큰 공로를 세운 신하.
봉토	봉할 봉(**封**) + 흙 토(**土**) 임금이 제후에게 나누어 준 땅.

한자로 어휘 넓히기

建 건 세우다	
	건국(**建國**) 나라를 세움.
	재건(**再建**) 무너진 것을 다시 세움.
	건축(**建築**) 집이나 건물을 세우고 쌓음.

갑골문
甲骨文

갑옷 갑	뼈 골	글월 문

갑골문을 통해 당시 사람들의
정치, 제사, 생활 모습을 알 수 있다.

 ### 손에 잡히는 어휘 풀이

갑(甲)은 '단단한 껍데기'를, 골(骨)은 '뼈'를, 문(文)은 '글자, 무늬'를 뜻해요.
갑골문(甲骨文)이란 **거북의 배를 싸고 있는 단단한 껍데기인 배딱지와 짐승 뼈에 새긴
글자**를 말해요. 중국 상(商) 왕조 시대에는 나라의 중대사를 점쳐서 결정하고, 그 내용과
결과를 갑골문으로 기록했어요. 그림을 본뜬 상형 문자인 갑골문은 오늘날 한자의 뿌리
가 되는 아주 오래된 문자예요.

 ### 함께 알아 두기

중대사	무거울 중(重) + 큰 대(大) + 일 사(事) 아주 중요한 큰일.
상형 문자	본뜰 상(象) + 모양 형(形) + 글월 문(文) + 글자 자(字) 사물의 모양을 본떠 만든 글자.
왕조	임금 왕(王) + 조정 조(朝) 임금이 다스리는 왕실, 한 왕가가 이어지는 통치 체제.

 ### 한자로 어휘 넓히기

甲 갑 갑옷, 껍데기	철갑(鐵甲) 철로 만든 갑옷 또는 철로 단단히 덮음.
	장갑차(裝甲車) 총탄이나 포탄에 견디도록 몸체에 철갑을 두른 자동차.
	갑각류(甲殼類) 가재, 새우처럼 단단한 껍데기를 가진 동물의 무리.

도량형
度 量 衡

| 정도 **도** | 헤아릴 **량(양)** | 저울대 **형** |

화폐와 **도량형** 통일은
중앙 집권 체제를 강화하는 계기가 되었다.

 **손에 잡히는 어휘 풀이**

도(度)는 '길이나 크기를 재다', 량(量)은 '부피나 무게를 헤아리다'라는 뜻이에요. 형(衡)은 저울대처럼 무게를 재는 도구를 가리켜요.

도량형(度量衡)은 **길이, 부피, 무게를 재는 기준과 제도**를 말해요.

진시황은 전국을 통일한 뒤 도량형을 정비해 교역과 행정이 원활하게 이루어지도록 했어요. 지역마다 달랐던 기준이 하나로 통일되면서 세금을 부과하고 행정을 운영하기가 쉬워졌고, 나라 전체의 경제 질서가 안정되었어요. 도량형 통일은 황제 권력을 강화하는 데 중요한 역할을 했어요.

 **함께 알아 두기**

정비	가지런할 정(**整**) + 갖출 비(**備**) 흐트러진 것을 정리하고 제대로 갖춤.
중앙 집권	가운데 중(**中**) + 가운데 앙(**央**) + 모일 집(**集**) + 권세 권(**權**) 나라의 권력을 중앙 정부가 모아 다스리는 체제.
화폐	재물 화(**貨**) + 화폐 폐(**幣**) 물건 교환에 쓰이는 돈.

 **한자로 어휘 넓히기**

量 량 헤아리다, 수량	계량(**計量**) 수치로 양을 셈 또는 그 수치.
	분량(**分量**) 나누어진 양, 일정한 몫.
	강우량(**降雨量**) 일정한 기간 동안 내린 비의 양.

내세관
來世觀

| 올 래(내) | 세상 세 | 볼 관 |

고대인들의 **내세관**은 유물과 유적을 통해 추측할 수 있으며, 이를 통해 당시 생활과 사상적 세계를 이해할 수 있다.

 ### 손에 잡히는 어휘 풀이

래(來)는 '오다', 세(世)는 '세상', 관(觀)은 '보다, 바라보는 관점'을 뜻해요.

내세관(來世觀)은 다가올 세상을 바라보는 관점, 다시 말해 **사람이 죽은 뒤에도 또 다른 세상이 존재한다고 믿는 관점**을 말해요. 그 세상을 사후 세계라고 부르지요.

고대 사회에서는 내세관이 무덤 형태, 부장품 유무 같은 장례 풍습에 큰 영향을 미쳤어요. 예를 들어 고대 이집트인은 내세에서 영원히 살기를 바라며 미라를 만들고 다양한 부장품을 함께 묻었어요.

 ### 함께 알아 두기

부장품	버금 부(副) + 장사지낼 장(葬) + 물건 품(品) 죽은 사람과 함께 무덤에 넣어 두는 물건.
사후 세계	죽을 사(死) + 뒤 후(後) + 세상 세(世) + 지경 계(界) 사람이 죽은 뒤에 가는 세상.
영혼	신령 령/영(靈) + 넋 혼(魂) 사람의 몸과 구별되는 정신적 존재, 사람의 넋.

 ### 한자로 어휘 넓히기

來 래 오다	거래(去來) 물건이나 돈을 주고받음.
	재래(在來) 예전부터 전해져 내려옴.
	내력(來歷) 지나온 과정이나 경로.

공화정
共 和 政

함께 **공**	화할 **화**	정사 **정**

로마 **공화정**은 원로원, 집정관, 민회가 서로 견제하고 균형을 이루던 정치 체제이다.

 ## 손에 잡히는 어휘 풀이

공(共)은 '함께하다'를, 화(和)는 '화목하다, 사이좋게 지내다'를 뜻해요. 정(政)은 나라를 올바르게 다스리는 것을 가리켜요.

공화정(共和政)이란 **여러 사람이 함께 어울려 다스리는 정치 형태**를 말해요. 왕이 모든 권력을 갖는 왕정과 달리 공화정에서는 권력을 여러 사람이 나누어 행사해요. 로마에서는 기원전 6세기 말 귀족이 왕을 몰아내고 공화정을 세웠어요. 처음에는 귀족이 권력을 독점했지만, 점차 부유해진 평민도 권력 투쟁에 참여하게 되었지요.

 ## 함께 알아 두기

왕정	임금 왕(**王**) + 정사 정(**政**) 임금이 나라를 다스리는 정치.
원로원	으뜸 원(**元**) + 늙을 로/노(**老**) + 집 원(**院**) 고대 로마에서 나이가 많고 경험이 풍부한 원로들이 모여 의논하던 정치 기구.
집정관	잡을 집(**執**) + 정사 정(**政**) + 벼슬 관(**官**) 고대 로마 공화정에서 국가의 일을 맡아보던 두 사람의 관리.

  ## 한자로 어휘 넓히기

共 공 함께	공생(**共生**) 서로 의지하며 함께 살아가는 관계.
	공유(**公有**) 여럿이 함께 가짐.
	공통(**共通**) 둘 이상의 대상에 두루 통하고 관계됨.

호민관

護民官

도울 호	백성 민	벼슬 관

고대 로마에서 상공업의 발달로 부유해진 평민은 정치적 권리를 요구하였고, 그 결과 평민회와 **호민관** 제도가 마련되었다.

 ### 손에 잡히는 어휘 풀이

호(護)는 '돕다, 보호하다'라는 뜻이에요. 민(民)은 '백성, 사람들'을 가리키고, 관(官)은 '벼슬아치, 관리'를 뜻해요.

호민관(護民官)이란 백성을 지키는 관리라는 뜻이에요. **고대 로마에서 평민의 권리를 지키기 위해 평민회에서 선출된 관리**로, 평민의 목소리를 원로원에 전달하는 다리 역할을 했어요. 호민관은 평민을 보호하는 대표로서 원로원의 결정에 거부권을 행사할 수 있었어요.

 ### 함께 알아 두기

상공업	장사 상(**商**) + 장인 공(**工**) + 일 업(**業**) 장사하는 일과 물건을 만드는 일.
평민회	평평할 평(**平**) + 백성 민(**民**) + 모일 회(**會**) 로대 로마에서 보통의 시민이 모여 의사를 결정하던 회의.
선출	가릴 선(**選**) + 날 출(**出**) 여럿 가운데서 가려 뽑아냄.

 ### 한자로 어휘 넓히기

護 호 보호하다	간호(**看護**) 아픈 사람을 돌보고 보살핌.
	경호(**警護**) 경계하고 지켜 보호함.
	호신술(**護身術**) 자신을 보호하기 위한 기술.

도편추방제
陶 片 追 放 制

질그릇 도	조각 편	
쫓을 추	놓을 방	절제할 제

클레이스테네스는 부족제를 거주지 중심으로
바꾸고 **도편추방제**를 실시하여
민주 정치가 유지되도록 하였다.

 ### 손에 잡히는 어휘 풀이

도(陶)는 흙으로 만든 그릇, 즉 '도자기'를, 편(片)은 '조각'을 의미해요. 추방(追放)은 '쫓아내다'를, 제(制)는 '제도'를 뜻하지요.

도편추방제(陶片追放制)는 **도자기 조각에 이름을 적어 특정 인물을 쫓아내는 제도**를 말해요. 고대 아테네에서는 독재자가 될 가능성이 있는 정치인의 이름을 도편(도자기 조각)에 적어 냈어요. 많은 표를 얻은 사람은 10년간 도시를 떠나야 했지요. 도편추방제는 시민이 직접 참여하여 권력자의 독재를 막는 장치로, 이를 통해 민주 정치의 기틀을 마련할 수 있었어요.

 ### 함께 알아 두기

부족제	떼 부(**部**) + 겨레 족(**族**) + 절제할 제(**制**) 혈연이나 씨족을 중심으로 구성된 사회 조직 체제.
독재	홀로 독(**獨**) + 마를 재(**裁**) 한 사람이 권력을 독차지하여 마음대로 하는 정치.

 ### 한자로 어휘 넓히기

追 추 쫓다, 따르다	추억(**追憶**) 지난 일을 따라 떠올림.
	추격(**追擊**) 도망가는 대상을 쫓음.
	추적(**追跡**) 흔적을 따라가며 뒤쫓음.

제자백가

諸子百家

여러 제	아들 자	일백 백	집 가

춘추 전국 시대에는 **제자백가**가 등장하여 혼란한 사회를 다스리기 위한 다양한 정치사상을 제시하였다.

 **손에 잡히는 어휘 풀이**

제(諸)는 '여러, 모두'라는 뜻이고, 자(子)는 '학자'나 '스승'을 가리켜요. 백(百)은 '많다'를, 가(家)는 '집, 학파'를 뜻해요.

제자백가(諸子百家)란 수많은 학자와 학파, 다시 말해 혼란스러웠던 **중국 춘추 전국 시대에 세상을 바로잡기 위해 나타난 수많은 사상가와 그들의 학설**을 말해요. 공자·맹자의 유가, 노자·장자의 도가, 묵가, 법가, 병가 등 수많은 학파가 서로 치열하게 토론하며 사상을 발전시켰어요.

 **함께 알아 두기**

춘추 전국 시대	봄 춘(春) + 가을 추(秋) + 싸움 전(戰) + 나라 국(國) + 때 시(時) + 대신할 대(代) 주나라 왕권이 약해지고 여러 나라가 나뉘어 전쟁을 벌이던 시대.
유가	선비 유(儒) + 집 가(家) 공자, 맹자로 이어지는 학파로 인과 예를 중시한 사상.
도가	길 도(道) + 집 가(家) 노자, 장자의 설을 받든 학파로 인위적 규범보다 자연의 도리를 따르자는 사상.

  **한자로 어휘 넓히기**

家 가 집, 가족, 집안	가장(家長) 한 집안을 책임지는 사람.
	생가(生家) 태어난 집.
	명문가(名門家) 대대로 이름난 집안.

군현제
郡 縣 制

고을 군	고을 현	절제할 제

진시황제는 통일 이후 도로망을 정비하고 **군현제**를 실시하여 강력한 중앙 집권 체제를 확립하였다.

 ## 손에 잡히는 어휘 풀이

군(郡)은 큰 고을, 지방 행정 단위를, 현(縣)은 군 아래에 속한 고을, 작은 행정 구역을 뜻해요. 제(制)는 '제도, 법률'을 의미하지요.

군현제(郡縣制)는 **군과 현을 나누어 다스리는 제도**를 말해요. 진시황이 봉건제를 없애고 전국을 직접 지배하기 위해 실시한 중앙 집권적 지방 통치 제도예요. 전국을 36개 군과 그 밑의 현으로 촘촘히 나누고, 황제가 직접 관리를 보내 세금을 걷고 법을 집행하게 했어요.

 ## 함께 알아 두기

부국강병
부유할 부(富) + 나라 국(國) + 강할 강(強) + 병사 병(兵)
나라를 부유하게 하고 군대를 강하게 함.

진시황제
진나라 진(秦) + 처음 시(始) + 임금 황(皇) + 임금 제(帝)
중국 진나라의 시황제. 중국을 최초로 통일하고 동아시아에서 처음으로 황제라는 명칭을 사용하였다.

 ## 한자로 어휘 넓히기

郡
군
고을

군수(**郡守**)	행정 구역 단위인 군의 기관장.
군청(**郡廳**)	군의 행정을 처리하는 기관.
군민(**郡民**)	군에 살고 있는 주민.

분서갱유

焚書坑儒

| 태울 **분** | 책 **서** | 묻을 **갱** | 선비 **유** |

분서갱유로 인해 다양한 학문이 억압되었고, 이는 진나라 멸망의 한 원인이 되었다.

 ### 손에 잡히는 어휘 풀이

분(焚)은 숲(林)에 불(火)을 지르듯 '활활 태우다'라는 뜻이고, 서(書)는 '책'이나 '글'을 의미해요. 갱(坑)은 '구덩이에 파묻다, 죽이다'라는 뜻이고, 유(儒)는 '선비', 곧 유학자를 가리켜요.

분서갱유(焚書坑儒)는 **책을 불태우고 유학자를 구덩이에 파묻어 죽인다**는 뜻이에요. 진시황은 황제의 명령에 반대하는 생각을 뿌리 뽑고 중앙 집권을 강화하기 위해 법가 사상을 제외한 다른 사상을 혹독하게 탄압했어요. 이로 인해 학문 활동이 크게 위축되었지요.

*수풀 림(林), 불 화(火)

 ### 함께 알아 두기

법가	법 법(法) + 집 가(家) 강력한 법을 중심으로 나라를 다스려야 한다고 주장한 학파.
농민 반란	농사 농(農) + 백성 민(民) + 반대할 반(反) + 어지러울 란(亂) 농민이 가혹한 정치에 맞서 집단적으로 일으킨 반란.
만리장성	일만 만(萬) + 다스릴 리(里) + 길 장(長) + 성 성(城) 중국 북방 민족의 침입을 막기 위해 길게 쌓은 성.

  ### 한자로 어휘 넓히기

書 서 책, 글	서고(書庫) 책을 보관하는 방이나 건물.
	서면(書面) 글로 나타낸 문서.
	고지서(告知書) 어떤 내용을 공식적으로 알리는 문서.

윤회
輪 廻

바퀴 륜(윤)	돌 회

윤회는 업에 따라 다음 생의 모습이 달라진다고 설명하며, 이를 벗어나는 것이 해탈이라고 하였다.

 ### 손에 잡히는 어휘 풀이

륜(輪)은 '수레바퀴, 돌다'를, 회(廻)는 '되돌아오다'를 뜻해요.

윤회(輪廻)는 **수레바퀴가 굴러가듯 삶과 죽음이 끊임없이 되풀이되는 것**을 말해요.

불교는 기원전 6세기경 인도에서 고타마 싯다르타가 창시한 종교로, 생명이 있는 모든 존재는 죽으면 끝나는 것이 아니라 수레바퀴처럼 삶과 죽음이 계속 이어지며 고통받는 다고 보았어요. 그래서 욕심을 버리고 올바르게 수행하면 윤회의 고통에서 벗어나 해탈할 수 있다고 가르쳤어요.

 ### 함께 알아 두기

자비	사랑할 자(慈) + 슬플 비(悲) 남을 사랑하고 불쌍히 여김.
해탈	풀 해(解) + 벗을 탈(脫) 번뇌와 고통에서 벗어나 자유로운 경지에 이름.
업	업 업(業) 불교에서 사람이 몸, 말, 마음으로 하는 모든 행위를 가리킴. 그에 따라 현세나 내세에 결과(업보)가 되돌아온다고 믿는다.

 ### 한자로 어휘 넓히기

輪
륜
바퀴, 돌다, 둥글다

연륜(年輪) 나무의 나이테, 세월에 따라 쌓인 경험.
이륜차(二輪車) 바퀴가 두 개 달린 탈것.
오륜기(五輪旗) 올림픽을 상징하는 다섯 개의 둥근 고리가 그려진 깃발.

조공
朝貢

아침 조	바칠 공

당나라는 **조공·책봉** 체제뿐만 아니라 대외 교류도 활발하여, 장안성은 국제적인 대도시로 번영하였다.

 **손에 잡히는 어휘 풀이**

조(朝)는 원래 '아침'이라는 뜻에서 나아가, 임금이 정사를 보던 곳인 '조정'을 뜻하기도 해요. 공(貢)은 '바치다, 예물을 드리다'를 의미해요.

조공(朝貢)은 조정에 나아가 임금을 뵙고 예물을 바치는 일을 말해요. 고대 동아시아에서 **주변 나라들이 중국의 황제에게 예물을 바치며 외교 관계를 맺던 방식**을 가리켜요. 조공을 바친 나라는 황제로부터 책봉을 받아 지위를 인정받고, 동시에 교역의 기회를 얻을 수 있었어요. 조공·책봉 체제를 통해 중국을 중심으로 한 동아시아 질서가 형성되었고, 이는 국제 질서를 유지하는 데 영향을 주었어요.

 **함께 알아 두기**

책봉	책 책(冊) + 봉할 봉(封) 황제가 문서로 다른 나라의 군주나 신하에게 지위를 주고 인정하는 일.
외교	바깥 외(外) + 사귈 교(交) 한 나라가 다른 나라와 맺는 정치적·경제적 관계
사절단	부릴 사(使) + 마디 절(節) + 집단 단(團) 나라의 임무를 맡아 다른 나라에 파견되는 대표단.

 **한자로 어휘 넓히기**

貢 공 바치다, 드리다	공물(貢物) 나라나 윗사람에게 바치던 물품.
	공헌(貢獻) 지식이나 힘을 보내어 바침.
	공납(貢納) 나라에 토산물이나 특산물을 바치는 세금의 하나.

율령
律 令

법칙 률(율)	명령 령

당나라는 **율령**을 반포하고 중앙에 3성 6부를 두었으며, 지방에는 주현제를 실시하였다.

 ### 손에 잡히는 어휘 풀이

률(律)은 일정한 '법칙이나 규범'을 뜻해요. 령(令)은 '명령'이란 뜻을 가진 글자예요. 율령(律令)은 나라에서 정한 법률과 명령을 아울러 이르는 말이에요. **고대 국가가 백성을 다스리기 위해 마련한 통치 규범**을 가리켜요. 이를 나누어 보면, '률'은 죄와 벌에 관한 규정이고, '령'은 국가 조직과 행정 운영에 관한 규정이라고 할 수 있어요.

 ### 함께 알아 두기

반포	나눌 반(頒) + 펼 포(布) 세상에 널리 퍼뜨려 모두 알게 함.
주현제	고을 주(州) + 고을 현(縣) + 절제할 제(制) 중앙 정부에서 관리를 파견하여 주와 현을 다스리던 제도. Tip! 중앙 집권적 행정 제도라는 점에서 군현제와 비슷하지만, 군현제는 진나라 때, 주현제는 수·당 이후 정착되어 주로 명·청나라까지 이어진 제도예요.

 ### 한자로 어휘 넓히기

令	
령 명령	칙령(**勅令**) 임금이 내린 명령.
	단발령(**斷髮令**) 1895년 갑오개혁 때 내린 머리를 자르라는 명령.
	구속영장(**拘束令狀**) 구속을 위한 명령을 적은 문서.

균전제
均田制

고를 균	밭 전	절제할 제

균전제는 백성들에게 토지를 나누어 주어 조세와 군역을 확보하기 위한 제도였다.

 ### 손에 잡히는 어휘 풀이

균(均)은 '고르게 하다, 나누다'라는 뜻이에요. 전(田)은 밭이나 논과 같은 '토지'를 가리켜요. 제(制)는 '제도'라는 뜻이에요.

균전제(均田制)는 **나라가 토지를 백성에게 고르게 나누어 주는 제도**를 말해요. 중국에서는 북위에서 시작되어 수·당 시기에 대표적으로 시행되었고, 당나라는 농민을 안정적으로 지배하기 위해 일정한 기준에 따라 토지를 나누어 주었어요. 농민은 토지를 받은 대가로 국가에 조용조를 바쳤어요. 이러한 제도는 후대 중국 왕조와 동아시아 여러 나라의 토지 제도와 통치 방식에 큰 영향을 끼쳤어요.

 ### 함께 알아 두기

조용조
조세 조(租) + 쓸 용(庸) + 고를 조(調)
곡식(조), 노동(용), 특산물(조)로 바치던 당나라의 조세 제도.

부병제
관청 부(府) + 병사 병(兵) + 절제할 제(制)
국가로부터 땅을 받은 농민을 군사로 편성하여 평소에는 농사, 전쟁 시에는 병역에 나서게 한 제도.

양세법
두 량/양(兩) + 세금 세(稅) + 법 법(法)
당나라 때 1년에 두 번 세금을 거두던 제도.

 ### 한자로 어휘 넓히기

均 균 고르다	평균(平均) 고르게 나눈 값, 한쪽으로 치우치지 않음.
	균등(均等) 차별 없이 고르고 같음.
	균형(均衡) 힘이나 상태가 고르게 맞아 평형을 이룸.

국풍문화
國風文化

| 나라 **국** | 바람 **풍** | 글월 **문** | 될 **화** |

국풍문화가 자리 잡으면서
일본 고유의 글자인 가나 문자가 사용되었다.

 ### 손에 잡히는 어휘 풀이

국(國)은 '나라'를 뜻해요. 풍(風)은 '바람'이라는 뜻에서 나아가 지역의 습관이나 풍속, 문화를 가리켜요. 그래서 국풍(國風)은 나라의 풍속과 생활 모습을 뜻해요. 문화(文化)는 사람이 이룬 생활양식을 말해요.

국풍문화(國風文化)란 일본 아스카·나라 시대에 중국의 율령과 불교 문화를 받아들인 뒤 헤이안 시대에 중국의 영향에서 점차 벗어나 **일본 고유의 풍토와 생활 방식에 맞게 발전시킨 문화**를 말해요. 이 문화는 중국 문화를 그대로 따르기보다 의복, 주거, 문학, 신앙 등에서 일본 고유의 특성을 살려 형성되었어요.

 ### 함께 알아 두기

풍토	바람 풍(風) + 흙 토(土) 한 지역의 기후나 땅의 성질에서 비롯된 생활 풍습.
고유	굳을 고(固) + 있을 유(有) 본래부터 가지고 있는 것.
신앙	믿을 신(信) + 우러를 앙(仰) 신이나 종교를 굳게 믿고 받듦.

 ### 한자로 어휘 넓히기

國 국 나라	**국방(國防)** 나라를 지켜 외부 침략을 막음.
	국경일(國慶日) 나라의 경사를 기념하는 날.
	매국노(賣國奴) 나라를 팔아먹고 적에게 협력하는 사람.

농노

農 奴

농사 농	종 노

장원의 농민은 대부분 **농노**로,
영주의 허락 없이는 떠날 수 없었고
영주의 법정에서 재판을 받아야 했다.

 **손에 잡히는 어휘 풀이**

농(農)은 밭을 갈고 곡식을 기른다는 뜻으로, '농사'를 의미해요. 노(奴)는 '종'이나 '노예'를 뜻하는 글자예요.

농노(農奴)는 땅을 일구며 살았지만 자유가 크게 제한된 사람, 곧 **영주에게 예속된 농민**을 말해요. 주로 **중세 유럽에서 봉건 제도 아래 영주에게 속해 있던 농민**을 가리켜요. 농노는 영주의 토지를 경작하고 세금이나 노동을 바쳐야 했으며, 사는 곳을 마음대로 옮길 자유가 제한되었어요. 하지만 노예와 달리 집과 약간의 토지를 소유하고 결혼하여 가정을 이룰 수 있었어요.

 **함께 알아 두기**

영주	거느릴 령/영(領) + 주인 주(主) 봉건 사회에서 주군으로부터 받은 토지(영지)를 지배하던 사람.
예속	노예 예(隸) + 붙을 속(屬) 스스로 자유롭지 못하고 다른 사람이나 세력에 매여 있음.
경작	밭 갈 경(耕) + 지을 작(作) 씨를 뿌리고 밭을 갈아 농사를 짓는 일.

 **한자로 어휘 넓히기**

農 농 농사, 농촌	도농(都農) 도시와 농촌.
	농번기(農繁期) 농사일이 많아 매우 바쁜 시기.
	농한기(農閑期) 농사일이 없어 한가한 시기.

장원제
莊園制

| 별장 장 | 동산 원 | 절제할 제 |

장원제는 주군과 봉신, 영주와 농노 사이의 주종 관계를 바탕으로 유지되었다.

 ## 손에 잡히는 어휘 풀이

장(莊)은 '별장'이나 '농장'을 뜻하고, 원(園)은 '밭'이나 '동산'을 가리켜요. 장원(莊園)은 '넓은 농장' 또는 '영주의 토지'를 의미해요. 제(制)는 '제도'라는 뜻이에요.

장원제(莊園制)는 **중세 유럽에서 토지를 소유한 영주가 농민에게 땅을 경작하게 하고, 그들을 지배하던 제도**를 말해요. 주군이 신하에게 준 토지는 장원으로 운영되고 장원의 주인은 영주라고 해요. 농민 대부분은 농노로서 영주에게 예속되어 살았어요. 쉽게 말해 장원제는 영주가 큰 농장을 중심으로 농민을 지배하고, 농노가 그 안에서 일하며 영주와 주종 관계를 맺은 통치 제도라고 할 수 있어요.

 ## 함께 알아 두기

주군	주인 주(主) + 임금 군(君) 봉건 사회에서 봉토를 주고 충성을 받는 주인.
봉신	봉할 봉(封) + 신하 신(臣) 주군에게 봉토를 받고 충성을 바친 신하.
주종 관계	주인 주(主) + 따를 종(從) + 관계할 관(關) + 맬 계(係) 주인과 종의 관계, 봉건 사회에서 주군과 봉신의 관계.

 ## 한자로 어휘 넓히기

園 원 동산, 뜰	원예(園藝) 뜰이나 정원에 꽃, 나무 등을 심어 가꾸는 일.
	낙원(樂園) 즐거운 동산, 이상적인 세계.
	유원지(遊園地) 놀고 쉴 수 있게 꾸며 놓은 동산.

흑사병
黑死病

검을 **흑**	죽을 **사**	병 **병**

14세기 중엽 **흑사병**이 유행하여 노동력이 부족해지자 영주들은 농민의 처우를 개선했다.

 ### 손에 잡히는 어휘 풀이

흑(黑)은 '검다', 사(死)는 '죽다', 병(病)은 '병들다, 질환'을 뜻해요.

흑사병(黑死病)은 글자 그대로 검은 죽음의 병이라는 뜻으로, **페스트균에 감염되어 발생하는 전염병**이에요. 14세기 유럽에서 크게 퍼졌는데, 쥐에 기생하는 쥐벼룩을 통해 옮는 페스트균에 감염되면 피부가 검게 변하는 증상이 나타나서 흑사병이라 불렸어요. 이 병으로 당시 유럽 인구의 3분의 1 이상이 목숨을 잃었어요. 인구가 급격히 줄어들자 농노가 부족해졌고, 그 결과 봉건제가 점차 약화되었어요.

 ### 함께 알아 두기

십자군 전쟁	열 십(十) + 글자 자(字) + 군사 군(軍) + 싸움 전(戰) + 다툴 쟁(爭) 11세기 후반부터 13세기 후반까지 서유럽 크리스트교 세력이 이슬람 세력으로부터 예루살렘을 되찾기 위해 일으킨 전쟁. 군대가 십자가 표식을 달아 십자군이라고 부른다.
처우	처할 처(處) + 만날 우(遇) 사람을 대우하는 태도나 방식.

  ### 한자로 어휘 넓히기

黑 흑 검다, 어둡다	흑연(黑鉛) 검은빛을 띤 광물, 연필심에 쓰이는 물질.
	흑심(黑心) 속으로 꾸미는 나쁜 마음.
	암흑(暗黑) 빛이 전혀 없는 어둠.

문치주의
文治主義

글월 **문** | 다스릴 **치** | 주인 **주** | 옳을 **의**

송나라는 **문치주의**를 바탕으로 중앙의 군대를 황제 직속으로 두고, 과거제를 개혁하여 황제의 권력을 강화하였다.

손에 잡히는 어휘 풀이

문(文)은 글, 학문, 예절과 같은 문화적 요소를 뜻해요. 치(治)는 '다스리다, 정치하다'라는 의미예요. 주의(主義)는 어떤 생각이나 방침을 주로 따르는 태도나 견해를 말해요. 문치주의(文治主義)는 **문(글과 예절, 학문)으로 나라를 다스리는 정치 방식**이에요. 중국 송나라를 세운 태조 조광윤은 절도사(군을 이끄는 직책)의 권한을 약화시키고 문관을 우대하는 정책을 실시했어요. 이러한 정책은 무력을 앞세우기보다 학문과 예절을 중시하여 나라를 다스리고자 한 문치주의의 대표적인 모습이에요.

함께 알아 두기

문관
글월 문(**文**) + 관리 관(**官**)
군사를 담당하는 무관과 달리 문서나 행정을 담당하는 관리.

우대
넉넉할 우(**優**) + 대접할 대(**待**)
특별히 잘 대우함.

과거제
과목 과(**科**) + 들 거(**擧**) + 절제할 제(**制**)
학문과 능력을 시험으로 평가해 관리로 선발하는 제도. 중국에서 시작해 우리나라와 일본 등에서도 실시하였다.

한자로 어휘 넓히기

治 치 다스리다	법치(**法治**) 법에 따라 나라를 다스림.
	치안(**治安**) 사회 질서를 다스리고 안전하게 함.
	이열치열(**以熱治熱**) 열을 열로 다스림.

기마병
騎 馬 兵

말탈 기	말 마	병사 병

몽골 제국은 뛰어난 **기마병**을 앞세워 유라시아 전역을 정복하며 세계 최대의 제국을 건설하였다.

 손에 잡히는 어휘 풀이

기(騎)는 '말을 타다', 마(馬)는 '말', 병(兵)은 '군사'를 뜻해요.

기마병(騎馬兵)은 **말을 타고 전투에 나선 병사**를 가리켜요. 기마병은 빠른 이동 속도와 강한 돌파력을 바탕으로 큰 전투력을 발휘했어요. 특히 몽골 제국은 기마병을 중심으로 한 강력한 군사력 덕분에 짧은 기간에 대제국을 건설할 수 있었어요. 몽골군은 말을 이용해 장거리 이동과 기습 공격이 가능했으며, 하루에 수십 km에서 많게는 100km 정도까지 이동할 수 있었다고 해요.

 함께 알아 두기

칭기즈 칸	몽골 제국을 세운 초대 황제로 동서양에 걸친 대제국을 건설함. 칸은 군주, 지배자라는 뜻.
천호제	천 천(千) + 집 호(戶) + 절제할 제(制) 몽골 제국에서 유목민을 1천 호씩 나누어 다스린 군사·행정 조직.
기동력	틀 기(機) + 움직일 동(動) + 힘 력/역(力) 어떤 일을 하거나 움직이는 데 민첩하게 대응할 수 있는 힘.

 한자로 어휘 넓히기

兵 병 군인, 군대	파병(派兵) 군대를 파견함.
	징병(徵兵) 나라가 법에 따라 국민을 불러 군인으로 복무하게 하는 제도.
	병역(兵役) 군인으로서 복무하거나 근무해야 할 의무.

역참

驛站

역 **역**	역마을 **참**

몽골 제국은 주요 교역로에 **역참**을 설치하고 대운하, 해상 운송로를 정비하였다.

 ## 손에 잡히는 어휘 풀이

역(驛)은 원래 관리나 사신이 이동할 때 말을 갈아타거나 쉬도록 마련한 공적인 교통 시설을 뜻해요. 기차역의 '역'도 같은 한자예요. 참(站)은 잠시 머물며 쉬는 곳을 의미해요. 역참(驛站)은 **관리나 여행자가 이동하면서 말을 바꾸고 머물던 시설**을 가리켜요. 몽골 제국은 광대한 영토를 효율적으로 다스리기 위해 역참망을 촘촘히 설치했어요. 역참마다 말과 숙식을 준비해 두어 관리와 사신이 신속히 이동할 수 있었고, 명령과 소식도 빠르게 전달되었지요. 이러한 제도 덕분에 동서 교류가 더욱 활발해졌어요.

 ## 함께 알아 두기

교역로	사귈 교(**交**) + 바꿀 역(**易**) + 길 로/노(**路**) 나라와 나라 사이에 물품을 사고파는 길.
숙식	잘 숙(**宿**) + 먹을 식(**食**) 머물며 자고 먹는 일.
유라시아 대륙	Eurasia + 큰 대(**大**) + 뭍 륙/육(**陸**) 유럽과 아시아를 합쳐 이르는 말.

  ## 한자로 어휘 넓히기

驛 역 역, 정거장	역사(**驛舍**) 역으로 쓰는 건물.
	역장(**驛長**) 철도의 한 역을 맡아 관리하는 사람.
	역전(**驛前**) 역의 앞.

강경책
強 硬 策

강할 강	단단할 경	꾀 책

소수의 만주족이 세운 청나라는 **강경책**과 회유책을 적절히 사용하여 다수의 한족을 다스렸다.

손에 잡히는 어휘 풀이

강(強)은 '강하다, 세다'라는 뜻이고, 경(硬)은 '단단하다, 강행하다'라는 뜻이에요. 책(策)은 '꾀나 방법, 정책'을 뜻해요.

강경책(強硬策)은 **강하고 단호하게 밀어붙이는 정책**을 말해요. 청나라의 만주족은 한족을 지배하기 위해 군사력과 법을 앞세운 강경책을 시행했어요. 예를 들어 한족의 반란을 강하게 진압하고, 만주족의 풍습인 변발과 호복을 따르도록 강요했어요. 그러나 회유책도 함께 사용해 한족 엘리트를 관리로 등용하며 지배 기반을 안정시키려 했어요.

함께 알아 두기

회유책	품을 회(懷) + 부드러울 유(柔) + 꾀 책(策) 부드럽게 대하여 따르게 하는 정책.
변발	땋을 변(辮) + 터럭 발(髮) 앞머리는 깎고 뒷머리는 길게 땋아 늘어뜨린 청나라 사람들의 독특한 머리 모양.
호복	오랑캐 호(胡) + 옷 복(服) 짧은 저고리와 바지 형태의 만주족 옷차림.

한자로 어휘 넓히기

硬 경 굳다, 단단하다	
	경직(硬直) 몸이나 사물이 굳어서 뻣뻣해짐.
	경화(硬化) 단단하게 됨. 또는 생각이나 태도가 굳어짐.
	경구개음(硬口蓋音) 입천장 가운데 단단한 부분(경구개)에서 나는 소리.

성리학
性 理 學

| 성품 성 | 이치 리(이) | 배울 학 |

성리학은 인간의 도덕적 수양을 강조하며 가정과 사회 질서를 유지하는 데 중요한 역할을 하였다.

 ### 손에 잡히는 어휘 풀이

성(性)은 태어날 때부터(生) 마음(忄) 속에 지닌 '성품', 즉 본성을 의미해요. 리(理)는 '사물의 이치나 원리'를, 학(學)은 '학문'을 뜻해요.

성리학(性理學)은 **인간의 본성과 세상이 움직이는 이치를 탐구하는 학문**이에요. 송나라 때 주희가 체계적으로 정리한 이후 성리학은 동아시아 각국의 통치 이념으로 자리 잡았어요. 한반도에는 고려 후기에 전해졌고, 조선의 국가 지배 이념으로 확고히 자리 잡았어요.

* 날 생(生), 심방변 심(忄)

 ### 함께 알아 두기

양명학
볕 양(陽) + 밝을 명(明) + 배울 학(學)
명나라 학자 왕수인이 주장한 학문으로, 성리학과 달리 인간의 마음이 곧 이치이니, 마음에 존재하는 그 이치를 구해야 한다는 학문.

고증학
생각할 고(考) + 증거 증(證) + 배울 학(學)
청나라 때 발달한 학문으로, 경전과 문헌을 근거로 확실한 증거를 찾아 설명하려는 학문.

서민 문화
여러 서(庶) + 백성 민(民) + 글월 문(文) + 될 화(化)
도시와 상공업의 발달로 서민의 지위가 높아지면서 평범한 백성이 즐기던 문화.

  ### 한자로 어휘 넓히기

性 성 성질, 성품	개성(個性) 남과 구별되는 자기만의 고유한 특성.
	적성(適性) 어떤 일에 알맞은 사람의 성질.
	모성애(母性愛) 자식을 향한 어머니의 본능적 사랑.

막부
幕府

천막 **막**	관청 **부**

무로마치 **막부**는 지방 세력을 완전히 장악하지 못해 전국 시대의 혼란으로 이어졌다.

 ## 손에 잡히는 어휘 풀이

막(幕)은 '천막'을, 부(府)는 '관청'을 뜻해요.

막부(幕府)란 원래 전쟁터에서 지휘관이 회의하던 천막을 가리키는 말이었어요. 그곳이 임시 관청이 된 것이지요. **일본에서는 12세기 이후 쇼군을 중심으로 한 무사 정권 체제**를 의미하는 용어로 사용되었어요.

가마쿠라 막부를 시작으로 무로마치 막부, 에도 막부로 이어지면서 무사 계급이 정치의 중심에 서게 되었어요. 이는 일본의 정치·사회 구조에 큰 영향을 미친 독특한 형태의 군사 정부였어요.

 ## 함께 알아 두기

쇼군	**将軍** 일본 막부 시대 무사 정권의 최고 권력자.
조닌 문화	에도 시대에 상공업이 발달하며 등장한 경제력을 갖춘 계층(조닌)을 중심으로 형성된 문화.
난학	난초 란/난(蘭) + 배울 학(學) 에도 시대에 네덜란드 상인을 통해 일본으로 들어온 서양 학문. 여기에서 난(蘭)은 네덜란드를 가리킨다.

 ## 한자로 어휘 넓히기

府 부 관청	사법부(**司法府**) 재판을 맡아보는 국가 기관.
	입법부(**立法府**) 법을 제정하는 국가 기관.
	행정부(**行政府**) 행정을 맡아보는 국가 기관.

신항로
新 航 路

새로울 신	배 항	길 로(노)

신항로 개척으로 아메리카 대륙이 알려지고 세계 교역망이 형성되었다.

 손에 잡히는 어휘 풀이

신(新)은 '새롭다', 항(航)은 '배', 로(路)는 '길'을 뜻해요.

신항로(新航路)는 **새롭게 개척된 뱃길**을 의미해요. 15세기 말 유럽 여러 나라들은 동방과 직접 교역하기 위해 신항로 개척에 나섰어요. 항해술과 조선술이 발달하고 나침반이 사용되면서 몇몇 유럽 나라들은 먼 거리까지 항해할 수 있게 되었어요. 특히 포르투갈과 에스파냐가 신항로 개척에 앞장섰어요. 포르투갈은 희망봉을 돌아 인도로 진출했고, 에스파냐는 대서양을 건너 아메리카로 진출했어요.

 함께 알아 두기

동방	동녘 동(東) + 모 방(方) 동쪽 지방, 서양 사람에게는 인도나 중국 같은 아시아 지역을 가리킴.
항해술	배 항(航) + 바다 해(海) + 재주 술(術) 바다를 배로 건너는 기술.
조선술	지을 조(造) + 배 선(船) + 재주 술(術) 배를 만드는 기술.

 한자로 어휘 넓히기

航 항 배, 날다	결항(缺航) 배나 비행기가 약속된 운행을 취소함.
	항법(航法) 항공기나 배가 길을 찾아가는 방법.
	항공기(航空機) 하늘을 나는 탈것.

전제정치
專 制 政 治

| 오로지 전 | 절제할 제 | 정사 정 | 다스릴 치 |

[지역세계의 교류와 변화 4-3단원]

절대 왕권을 강화하려는 **전제정치**는
결국 의회와의 갈등을 심화시켜
청교도 혁명으로 이어졌다.

 ## 손에 잡히는 어휘 풀이

전(專)은 '오로지, 혼자서 한다'는 뜻이고, 제(制)는 '통제하여 다스린다'는 의미예요. 정치(政治)는 나라를 다스리는 일을 가리켜요.

전제정치(專制政治)는 **한 사람이 법이나 의회의 제약을 받지 않고 모든 권력을 독점하여 나라를 다스리는 정치**를 말해요. 영국에서는 찰스 1세가 의회의 동의 없이 세금을 거두고 국정을 독단적으로 운영하면서 전제적으로 통치하려 했어요. 이러한 전제 정치는 결국 왕정파와 의회파 사이의 내전으로 이어졌어요.

 ## 함께 알아 두기

독단적	홀로 독(獨) + 끊을 단(斷) + 과녁 적(的) 다른 사람의 의견은 듣지 않고 자기 혼자서 판단하고 결정함.
의회	의논할 의(議) + 모일 회(會) 나라의 중요한 일을 의논하고 결정하기 위해 모인 회의체.
내전	안 내(內) + 싸움 전(戰) 같은 나라 안에서 주도권을 잡으려고 싸우는 전쟁.

 ## 한자로 어휘 넓히기

專 전 오로지	
	전공(專攻) 한 분야를 오로지 연구하거나 전념함.
	전문(專門) 한 분야에 오로지 집중해 익힌 지식과 기술.
	전용(專用) 오로지 어떤 사람, 목적만을 위해 사용함.

입헌 군주제
立憲君主制

설 립(立)		법 헌
임금 군	주인 주	절제할 제

〔 지역세계의 교류와 변화 4-3단원 〕

청교도 혁명과 명예혁명을 겪으면서
영국에서는 국왕과 의회가 협력하는
입헌 군주제가 자리 잡았다.

 ## 손에 잡히는 어휘 풀이

립(立)은 '세우다', 헌(憲)은 '법'을 뜻해요. 입헌이란 헌법을 제정한다는 뜻이에요. 군주(君主)는 임금을, 제(制)는 '제도'나 '방식'을 뜻해요.

입헌 군주제(立憲君主制)란 **헌법을 세워 군주의 권력을 제한하는 정치 제도**를 말해요. 영국에서는 1688년 명예혁명 이후 권리 장전을 승인하여 입헌 군주제의 토대를 마련했어요.

 ## 함께 알아 두기

명예혁명
이름 명(名) + 명예 예(譽) + 고칠 혁(革) + 목숨 명(命)
1688년 영국에서 일어난 혁명. 유혈 사태 없이 전제 군주를 몰아내고 입헌 군주제를 확립한 사건.

권리 장전
권세 권(權) + 이로울 리/이(利) + 글 장(章) + 법 전(典)
1689년 영국 의회가 제정한 법률. 왕권을 제한하고 의회의 권리를 보장했다.

토대
흙 토(土) + 대 대(臺)
흙으로 만든 기초, 어떤 일이 이루어지기 위한 바탕.

  ## 한자로 어휘 넓히기

憲 헌 법	개헌(改憲) 헌법을 고침.
	위헌(違憲) 헌법에 맞지 않음.
	합헌(合憲) 헌법에 잘 맞음.

면벌부
免罰符

면할 면	죄 벌	부호 부

루터는 교황청의 **면벌부** 판매를 비판하며 종교 개혁의 불씨를 지폈다.

 ### 손에 잡히는 어휘 풀이

면(免)은 '면하다, 벗어나다'를 벌(罰)은 '죄' 또는 '벌하다'를 뜻해요, 부(符)는 부호라는 뜻뿐만 아니라 '증거, 증표' 등을 의미해요.

면벌부(免罰符)는 죄로 인해 받게 될 **벌을 면하게 해준다고 여겨진 증서**예요. 중세 유럽에서 교황청은 죄를 용서해 준다는 내용의 이 증서를 돈을 받고 팔았어요. 교황 레오 10세는 성 베드로 대성당 보수 비용을 마련하기 위해 면벌부 판매를 허용했어요. 이에 루터는 이를 비판하는 〈95개조 반박문〉을 발표하고, 인간의 구원은 면벌부가 아니라 오직 신앙과 신의 은총에 의해서 이루어진다고 주장했어요.

 ### 함께 알아 두기

95개조 반박문	돌이킬 반(反) + 논박할 박(駁) + 글월 문(文) 1517년 독일에서 루터가 교회의 폐단을 지적하고 개혁을 촉구한 95가지 항목의 글.
종교 개혁	마루 종(宗) + 가르칠 교(敎) + 고칠 개(改) + 고칠 혁(革) 16세기에 루터, 칼뱅이 주도한 종교 운동. 가톨릭 교회의 부패를 비판하고 신앙의 자유, 성서 중심주의를 내세움.

 ### 한자로 어휘 넓히기

免 면 면하다	면세(**免稅**) 세금의 의무를 면하게 함.
	면제(**免除**) 책임, 의무를 면하고 벗어나게 함.
	사면(**赦免**) 죄를 용서하고 형벌을 면하게 함.

왕권신수설
王 權 神 授 說

임금 왕	권세 권
신 신	줄 수	말씀 설

절대 왕정이 확립되는 과정에서
왕권신수설은 왕의 권위를 신성한 것으로
꾸며 주는 역할을 하였다.

 **손에 잡히는 어휘 풀이**

왕(王)은 임금을, 권(權)은 권세와 힘을 뜻해요. 신(神)은 하늘이나 절대적 존재, 수(授)는 주다, 설(說)은 말씀, 즉 사상이나 주장을 의미해요.

왕권신수설(王權神授說)은 **왕의 권력은 신으로부터 부여받은 것이므로 누구도 거스를 수 없다는 사상**을 말해요. 프랑스의 절대 왕정에서는 왕권신수설을 바탕으로 국왕의 절대적 권력을 강조했어요. 특히 루이 14세는 스스로를 '태양왕'이라 칭하며 베르사유 궁전을 건설해 자신의 막강한 권력을 드러냈어요.

 **함께 알아 두기**

절대 왕정
끊을 절(**絶**) + 상대할 대(**對**) + 임금 왕(**王**) + 정사 정(**政**)
비교할 수 없는 절대적 권력을 왕이 행사하는 정치 형태.

사회계약설
모일 사(**社**) + 모일 회(**會**) + 맺을 계(**契**) + 맺을 약(**約**) + 말씀 설(**說**)
사람들이 모여 계약을 통해 국가나 사회를 세웠다는 학설. 홉스, 루소 등이 주장했으며 근대 민주 정치의 사상적 기초가 되었다.

 **한자로 어휘 넓히기**

授 수 주다	수여(**授與**) 남에게 상이나 상금 등을 줌.
	수수(**授受**) 주고받음.
	전수(**傳授**) 지식이나 기술을 남에게 전하여 줌.

연방주의
聯邦主義

연이을 **련(연)** | 나라 **방** | 주인 **주** | 옳을 **의**

[제국주의와 국민 국가 건설 운동 5-1단원]

독립 전쟁 이후 13개 식민지는
연방주의에 기초한 헌법을 제정하여
민주 공화국인 미국을 세웠다.

 ## 손에 잡히는 어휘 풀이

련(聯)은 '잇다, 연결하다'라는 뜻으로, '연합하다'라는 뜻도 있어요. 방(邦)은 '지역'이나 '나라'를 의미해요. 주의(主義)는 어떤 생각이나 방침을 주로 따르는 태도나 견해를 말해요.

연방주의(聯邦主義)는 **여러 지역이 연결되어 하나의 나라를 이루되, 각 지역이 헌법에 따라 일정한 자치권을 가지는 정치 방식**이에요. 이는 미국이 독립한 이후 채택한 정치 원리로, 중앙 정부와 주 정부가 권한을 나누어 가지는 체제예요. 이를 통해 권력이 한곳으로 집중되는 것을 막고, 각 지역의 자치를 보장할 수 있었어요. 중앙 정부는 주로 외교권과 군사권 등을 맡아 국가 전체의 이익을 담당해요.

 ## 함께 알아 두기

자치	스스로 자(自) + 다스릴 치(治) 외부의 간섭 없이 자기 일을 <u>스스로 다스림</u>.
민주 공화국	백성 민(民) + 주인 주(主) + 함께 공(共) + 화할 화(和) + 나라 국(國) 주권이 국민 전체에게 있고, <u>국민이 선출한 대표에 의해 운영되는 국가</u>.

  ## 한자로 어휘 넓히기

聯 **련** 잇다, 연결하다	**연립(聯立)** 둘 이상을 서로 연결해 세움.
	연동(聯動) 하나가 움직이면 다른 것도 연결되어 움직임.
	연합(聯合) 여러 집단이 힘을 합쳐 연결해 하나로 모임.

제국주의
帝國主義

임금 제	나라 국	주인 주	옳을 의

제국주의 국가들은 사회 진화론과 인종주의를 바탕으로 자신들의 침략을 정당화하였다.

 ### 손에 잡히는 어휘 풀이

제(帝)는 '황제'를, 국(國)은 '나라'를 뜻해요. 제국(帝國)은 황제가 다스리는 나라를 가리키지요. 주의(主義)는 어떤 생각이나 방침을 주로 따르는 태도나 견해를 말해요.

제국주의(帝國主義)는 **제국처럼 강한 나라가 군사력과 경제력을 앞세워 다른 나라를 지배하고 영토를 확장하려는 사상**을 가리켜요. 19세기 후반, 유럽의 열강과 일본은 산업 발전에 필요한 원료와 시장을 확보하기 위해 다른 나라를 침략하여 식민지로 만들었어요. 이렇게 강대국이 약소국을 침략해 팽창하려는 경향을 제국주의라고 불러요.

 ### 함께 알아 두기

식민지	심을 식(植) + 백성 민(民) + 땅 지(地) 본래의 나라 사람을 다른 지역에 이주시켜 그 땅을 개척하고 지배함.
사회 진화론	모일 사(社) + 모일 회(會) + 나아갈 진(進) + 될 화(化) + 논할 론/논(論) 사회도 생물처럼 발전하고 변한다는 이론. 다윈의 진화론에서 착안해 사회에서도 약자는 도태하고 강자는 발전한다고 주장하는 사상.
인종주의	사람 인(人) + 씨 종(種) + 주인 주(主) + 옳을 의(義) 인종 간에 우열이 있다는 생각을 바탕으로 한 차별적 태도나 정책.

 ### 한자로 어휘 넓히기

帝 제 임금	황제(皇帝) 왕이나 제후보다 더 높은 지위의 임금을 이르는 말.
	제왕(帝王) 황제와 왕을 아울러 이르는 말.
	삼황오제(三皇五帝) 중국 고대 신화에 나오는 세 명의 황과 다섯 명의 제를 아울러 이르는 말. 여기에서 황제라는 단어가 유래했다.

계몽사상
啓 蒙 思 想

| 열 **계** | 어두울 **몽** | 생각 **사** | 생각 **상** |

루소, 볼테르, 몽테스키외 등은 **계몽사상**을 전개하여 시민 혁명에 큰 영향을 주었다.

손에 잡히는 어휘 풀이

계(啓)는 '열다, 깨우치다', 몽(蒙)은 '어둡다, 어리석다'를 뜻해요. 그래서 계몽은 어리석음을 깨우쳐 밝힌다라는 의미예요. 사상(思想)은 세상이나 사회, 인간에 대해 가지고 있는 기본적인 생각이나 생각의 틀을 말해요.

계몽사상(啓蒙思想)이란 **무지를 깨우쳐 이성의 힘으로 세상을 밝혀 이해하고 사회를 바꾸려는 사상**이에요. 18세기 프랑스에서는 강력한 왕권과 신분제가 유지되고 있었기 때문에 시민 계급은 계몽사상과 미국 혁명의 영향을 받아 자유롭고 평등한 사회를 건설하고자 했어요.

함께 알아 두기

삼부회	셋 삼(三) + 거느릴 부(部) + 모일 회(會) 18세기 프랑스에서 성직자, 귀족, 평민 출신 의원으로 구성된 회의. 1789년 프랑스 혁명의 계기가 됨.
인권 선언	사람 인(人) + 권세 권(權) + 베풀 선(宣) + 말씀 언(言) 1789년 프랑스 국민의회가 채택한 「인간과 시민의 권리 선언」을 줄여 부르는 말. 인간의 자유와 평등의 권리를 선언한 문서.

한자로 어휘 넓히기

啓 **계** 열다, 깨우치다	계시(啓示) 초월적 존재가 사람에게 어떤 사실을 일깨워 줌.
	계발(啓發) 슬기나 재능을 일깨워 줌.
	계도(啓導) 깨우쳐서 바른길로 인도함.

자본주의
資 本 主 義

재물 **자** | 근본 **본** | 주인 **주** | 옳을 **의**

자본주의가 발전하면서 산업 자본가는
노동자를 고용해 재산을 불리고
더 많은 이윤을 얻었다.

 ## 손에 잡히는 어휘 풀이

자(資)는 '재물, 재산'을 뜻하고, 본(本)은 '근본, 기초'를 의미해요. 주의(主義)는 어떤 생각이나 방침을 주로 따르는 태도나 견해를 말해요.

자본주의(資本主義)란 **개인의 사유 재산을 인정하고, 재물을 근본으로 삼아 이윤을 추구하는 경제 체제**를 말해요. 산업 혁명으로 생산력이 크게 늘어나면서, 재물(생산 수단)을 가진 사람들이 이윤을 목적으로 자유롭게 생산 활동을 하게 되었어요. 자본주의는 오늘날 세계 여러 나라가 채택한 대표적인 경제 체제예요.

 ## 함께 알아 두기

산업 혁명
낳을 산(産) + 일 업(業) + 가죽 혁(革) + 목숨 명(命)
18세기 후반 영국에서 생산 기술의 혁신으로 시작된 사회, 경제의 큰 변화. 증기 기관의 발명으로 대량 생산이 가능하게 되었다.

노동자
일할 로/노(勞) + 움직일 동(動) + 사람 자(者)
몸이나 정신을 써서 일하는 사람.

 ## 한자로 어휘 넓히기

資 자 재물, 돈	
	자금(資金) 어떤 활동을 하기 위해 필요한 돈, 밑천.
	투자(投資) 이익을 얻기 위해 돈이나 시간을 쏟음.
	자산(資産) 개인이나 단체가 소유한 모든 재산.

철혈정책

鐵血政策

| 쇠 철 | 피 혈 | 정사 정 | 꾀 책 |

철혈정책을 바탕으로 프로이센은
오스트리아를 격파하고
북독일 연방을 결성하였다.

손에 잡히는 어휘 풀이

철(鐵)은 '쇠, 강철'을, 혈(血)은 '피'를 의미해요. 철혈(鐵血)은 전쟁에 쓰이는 무기와 전쟁에서 흘리는 피를 비유적으로 표현한 단어예요. 정책(政策)은 정치적 목적을 이루기 위한 방안을 가리켜요.

철혈정책(鐵血政策)은 **군사력과 무력을 앞세워 국가의 목표를 이루려는 강경한 정책**을 뜻해요. 프로이센의 재상 비스마르크는 '중요한 문제는 연설이나 다수결이 아니라 오직 철과 피로 해결된다'고 주장하며 군비를 확장했고, 이를 바탕으로 독일 통일을 추진했어요.

함께 알아 두기

관세 동맹	관계할 관(關) + 세금 세(稅) + 같을 동(同) + 맹세 맹(盟) 나라들끼리 서로 관세를 없애거나 통일하여 경제적 이익을 함께 누리려는 결합.
군비	군사 군(軍) + 갖출 비(備) 전쟁에 대비하여 무기, 병력, 군사 시설을 갖추는 일.
정복 전쟁	칠 정(征) + 굴복할 복(服) + 싸움 전(戰) + 다툴 쟁(爭) 다른 나라를 무력으로 쳐서 굴복시키고 지배하려는 전쟁.

한자로 어휘 넓히기

鐵 철 쇠	
	제철(製鐵) 쇠를 녹여서 제품을 만듦.
	철조망(鐵條網) 쇠줄을 여러 겹으로 엮어서 만든 그물 모양 울타리.
	철면피(鐵面皮) 얼굴 가죽이 쇠처럼 두꺼워 뻔뻔함.

중체서용
中體西用

가운데 중	몸 체	서녘 서	쓸 용

중체서용을 주장한 관료들은 군수 공장을 세우고 신식 학교를 설립하는 등 근대화 운동을 추진하였다.

 ## 손에 잡히는 어휘 풀이

중(中)은 '가운데', 즉 중국을 뜻하고, 체(體)는 '몸'이나 '체제'를 의미해요. 서(西)는 '서양'을, 용(用)은 '쓰다, 활용하다'를 뜻해요.

중체서용(中體西用)은 **중국의 사상과 체제는 그대로 유지하면서 서양의 과학과 기술만을 활용하자는 입장**이에요. 청나라의 증국번, 이홍장 등 한족 출신 관료들은 유교적 가치와 전통적인 정치 체제를 지키면서 서양의 군사·산업 기술을 도입하려 했어요. 그러나 정치 제도를 근본적으로 개혁하지 못해 한계를 드러냈고, 결국 청일전쟁에서 패배했어요.

 ## 함께 알아 두기

근대화	가까울 근(近) + 대신할 대(代) + 될 화(化) 전통 사회에서 벗어나 근대 사회로 변화하는 것.
양무운동	큰바다 양(洋) + 힘쓸 무(務) + 옮길 운(運) + 움직일 동(動) 서양의 것을 익히는 데 힘쓴다는 뜻으로, 19세기 후반 청나라에서 일어난 근대화 운동.
군수 공장	군사 군(軍) + 기다릴 수(需) + 장인 공(工) + 마당 장(場) 군대에 필요한 물자를 만드는 공장.

  ## 한자로 어휘 넓히기

體 체 몸	체온(體溫) 몸의 온도.
	체감(體感) 몸으로 직접 느낌.
	입체(立體) 공간을 차지하는 부피가 있는 형체.

변법자강

變法自彊

| 변할 변 | 법 법 | 스스로 자 | 굳셀 강 |

개혁 세력은 입헌 군주제 실시, 의회 설립, 상공업 진흥 등 여러 방면에서 **변법자강** 운동을 추진하였다.

 ### 손에 잡히는 어휘 풀이

변(變)은 '바꾸다'를, 법(法)은 '법, 제도'를 말해요. 자(自)는 '스스로'를, 강(彊)은 '굳세다, 강하다'를 뜻해요.

변법자강(變法自彊)은 **낡은 제도를 바꾸어 스스로 나라를 강하게 만들자는 사상**을 말해요. 19세기 말 청나라에서는 서양 열강의 침략과 내부 혼란을 극복하기 위해 변법자강을 주장하는 근대화 운동이 일어났어요. 캉유웨이는 일본의 메이지 유신을 본받아, 서양의 기술만 받아들이는 데 멈추지 않고 정치·교육·군사 제도까지 개혁해야 한다고 주장했어요.

 ### 함께 알아 두기

열강
벌일 렬/열(列) + 강할 강(強)
국제적으로 힘을 가진 여러 강한 나라.

의화단 운동
옳을 의(義) + 화할 화(和) + 단체 단(團) + 운동
정의로운 무리가 모여 일으킨 운동.
Tip! 청나라에서 외세의 침략에 반발하여 민중이 중심이 되어 일으킨 반외세 운동으로, 열강의 연합군에게 진압되었어요.

  ### 한자로 어휘 넓히기

變 변 변하다, 바뀌다	
변덕(變德) 마음이나 행동이 자주 변하는 성질.	
변곡점(變曲點) 굴곡의 방향이 바뀌는 지점.	
돌연변이(突然變異) 유전자의 변화로 갑자기 나타나는 새로운 형질.	

삼민주의
三民主義

| 셋 **삼** | 백성 **민** | 주인 **주** | 옳을 **의** |

쑨원은 혁명 단체를 모아
중국 동맹회를 결성하고, **삼민주의**를 내세워
공화국을 세우고자 하였다.

 ## 손에 잡히는 어휘 풀이

삼(三)은 '셋'을, 민(民)은 '백성, 국민'을 뜻하고, 주의(主義)는 어떤 생각이나 방침을 주로 따르는 태도나 견해를 말해요.

삼민주의(三民主義)는 **국민을 위한 세 가지 주장을 내세운 사상**을 말해요. 쑨원이 제시한 근대 중국의 지도 이념으로, 민족·민권·민생을 핵심으로 삼았어요. 이는 민족의 독립, 국민의 주권 보장, 생활의 안정을 추구한 사상으로, 신해혁명을 이끌고 중화민국이 수립되는 데 중요한 사상적 기반이 되었어요.

 ## 함께 알아 두기

민생	백성 민(民) + 날 생(生) 일반 국민의 생활.
신해혁명	매울 신(辛) + 돼지 해(亥) + 가죽 혁(革) + 목숨 명(命) 1911년 신해년에 일어난 혁명. 쑨원을 중심으로 한 혁명 세력이 청 왕조를 무너뜨리고 공화제를 수립하였다.
대총통	큰 대(大) + 거느릴 총(總) + 거느릴 통(統) 모든 것을 거느리는 큰 지도자. 신해혁명 이후 수립된 중화민국에서 국가 원수를 이르던 칭호.

  ## 한자로 어휘 넓히기

三 **삼** 셋, 3	삼원색(三原色) 기본이 되는 세 가지 빛깔. 빨강, 파랑, 초록.
	작심삼일(作心三日) 결심이 3일도 가지 못함.
	삼한사온(三寒四溫) 3일은 춥고 4일은 따뜻함. 우리나라 겨울철 기후 현상.

최혜국
最 惠 國

| 가장 최 | 은혜 혜 | 나라 국 |

에도 막부가 미국과 맺은 미일 화친조약은
최혜국 대우, 영사 재판권 등을
인정한 불평등 조약이었다.

 ### 손에 잡히는 어휘 풀이

최(最)는 '가장', 혜(惠)는 '은혜, 혜택', 국(國)은 '나라'를 뜻해요.

최혜국(最惠國)은 **가장 많은 혜택을 받는 나라**를 말해요. 19세기 서양 열강이 동아시아 국가들과 맺은 불평등 조약에는 최혜국 대우 조항이 포함되어 있었어요. 이는 한 나라가 다른 나라에 부여한 가장 유리한 대우를 조약 상대국에도 자동으로 적용하는 규정이에요. 겉보기에는 평등해 보이지만, 실제로는 서양 열강만 계속해서 이익을 얻고 약소국은 일방적으로 불리한 처지에 놓이게 되는 불평등한 조건이었어요.

 ### 함께 알아 두기

영사 재판권	거느릴 령/영(領) + 일 사(事) + 마를 재(裁) + 판단할 판(判) + 권세 권(權) 외국에 사는 자국민이 현지 법이 아니라 자기 나라 영사의 재판을 받는 권리. Tip! 영사는 자국민을 보호하는 외교관을 말해요. 즉, 현지 법이 아니라 본국의 법에 따라 재판받을 수 있는 권리를 의미해요.
수호 통상 조약	닦을 수(修) + 좋을 호(好) + 통할 통(通) + 장사 상(商) + 가지 조(條) + 맺을 약(約) 두 나라가 우호 관계를 맺고 무역을 허용하기 위해 체결한 조약.

  ### 한자로 어휘 넓히기

惠 혜 은혜, 혜택	수혜(受惠) 혜택을 받음.
	시혜(施惠) 은혜나 혜택을 베풂.
	특혜(特惠) 특별히 베푸는 혜택.

참호전
塹 壕 戰

구덩이 참	해자 호	싸움 전

제1차 세계 대전의 **참호전**에서 군인들은 장기간 참호에 머물며 포탄의 위협과 피로에 시달렸다.

 ## 손에 잡히는 어휘 풀이

참(塹)은 땅을 판 '도랑', 호(壕)는 진지를 둘러싼 '구덩이', 전(戰)은 '싸우다', '전쟁'을 뜻해요.

참호전(塹壕戰)은 **땅에 구덩이를 파고 그 안에 숨어 싸우는 전쟁 방식**을 말해요. 제1차 세계 대전 초기, 서부 전선에서는 양쪽 군대가 참호에 숨어 장기간 대치하는 참호전이 전개되었어요. 이로 인해 전쟁이 장기화되었지요. 특히 군인들은 참호 안에 고인 물이 군화 속까지 스며들어 발이 썩는 참호발로 큰 고통을 겪어야 했어요.

 ## 함께 알아 두기

진지	진 칠 진(陣) + 땅 지(地) 전투를 수행하기 위하여 군대가 자리 잡은 지역.
전선	싸움 전(戰) + 줄 선(線) 군대가 맞서 싸우는 최전방 지역.
총력전	합할 총(總) + 힘 력/역(力) + 싸움 전(戰) 국가의 모든 인적, 물적 자원을 총동원하는 전쟁. Tip! 제1차 세계 대전은 모든 나라가 총력전을 펼치면서 수많은 인명 피해를 낳았어요.

  ## 한자로 어휘 넓히기

戰 전 싸움, 전쟁		
	참전(參戰)	전쟁에 직접 참가함.
	패전(敗戰)	전쟁에 져서 패배함.
	전범(戰犯)	전쟁에 관한 국제법을 어겨 죄를 지은 사람.

민족자결주의
民 族 自 決 主 義

백성 **민**		겨레 **족**	
스스로 **자**	결정할 **결**	주인 **주**	옳을 **의**

민족자결주의는 전 세계 식민지 민족의 독립 운동에 큰 영향을 주었다.

 ## 손에 잡히는 어휘 풀이

민족(民族)이란 오랫동안 생활 공동체를 이루며 언어, 문화, 역사를 공유하는 무리를 가리켜요. 자결(自決)은 스스로 결정한다는 뜻이고, 주의(主義)는 주된 생각이나 이념을 뜻해요.

민족자결주의(民族自決主義)는 **각 민족이 다른 나라의 지배나 간섭 없이 스스로 정치적 운명을 결정할 권리가 있다는 사상**이에요. 이 사상은 제1차 세계 대전 후 미국의 윌슨 대통령이 파리 강화 회의에서 제안했어요. 그는 민족마다 독립 국가를 세울 권리가 있음을 강조했지만, 실제로는 승전국의 이해관계로 인해 모든 민족에게 적용되지는 못했어요.

 ## 함께 알아 두기

베르사유 조약	제1차 세계 대전이 끝난 뒤 연합국과 독일 사이에 체결한 조약. Tip! 베르사유 궁전에서 체결되어 이러한 이름이 붙었어요.
승전국	이길 승(勝) + 싸움 전(戰) + 나라 국(國) 전쟁에서 이긴 나라.
배상금	갚을 배(賠) + 줄 상(償) + 쇠 금(金) 잘못이나 손해를 물어 주기 위하여 내는 돈.

 ## 한자로 어휘 넓히기

決 **결** 결정하다	미결(未決) 아직 결정되지 않음.
	결승(決勝) 승부를 최종적으로 결정함.
	다수결(多數決) 많은 수에 따라 결정함.

대공황

大恐慌

큰 대	두려울 공	어리둥절할 황

미국은 **대공황**의 위기를 극복하기 위해 국가가 경제에 적극적으로 개입하는 뉴딜 정책을 추진하였다.

 **손에 잡히는 어휘 풀이**

공(恐)은 '두렵다, 무섭다'를, 황(慌)은 '어리둥절하다, 당황하다'를 가리켜요. 대공황(大恐慌)은 큰 두려움과 혼란이라는 뜻으로, **1929년 미국에서 시작된 세계적인 경제 위기**를 말해요.

1920년대 미국의 기업들은 경제 호황 속에서 투자와 생산을 크게 늘렸지만, 국민의 소비가 이를 따라가지 못하면서 과잉 생산 문제가 발생했어요. 그 결과 주가가 폭락하고, 은행과 기업이 잇따라 파산하면서 많은 사람이 일자리를 잃게 되었어요.

 **함께 알아 두기**

호황	좋을 호(好) + 상황 황(況) 경기가 좋고 활발하게 움직이는 상태.
불황	아닐 불(不) + 상황 황(況) 경기가 좋지 못하고 침체된 상태.
뉴딜 정책	New Deal + 정사 정(政) + 꾀 책(策) 새로운 대책, 1929년 미국 대공황 때 루스벨트 대통령이 경제 회복을 목적으로 실시한 정책.

 **한자로 어휘 넓히기**

恐 공 두렵다	가공(可恐) 두려워할 만큼 무서움.
	공갈(恐喝) 위협하여 겁을 주고 두렵게 만듦.
	공포(恐怖) 몹시 무섭고 두려움.

추축국
樞 軸 國

지도리 추	굴대 축	나라 국

제2차 세계 대전은 독일·이탈리아·일본의 **추축국**과 영국·소련·미국 등의 연합국 사이에서 벌어졌다.

 **손에 잡히는 어휘 풀이**

추(樞)는 문을 여닫는 중요한 축, 중심을 뜻하고, 축(軸)은 바퀴의 중심이 되는 막대를 가리켜요. 국(國)은 '나라'를 의미해요.

추축국(樞軸國)은 **세계 질서의 중심축이 되겠다고 주장한 나라들**을 말해요. 제2차 세계 대전 때 독일, 이탈리아, 일본이 맺은 동맹을 가리켜요. 이 용어는 1936년 무솔리니가 '유럽의 국제 관계는 로마와 베를린을 연결하는 선을 축으로 하여 변화할 것'이라고 연설한 데서 유래했어요.

 **함께 알아 두기**

방공 협정	막을 방(防) + 함께 공(共) + 협력할 협(協) + 정할 정(定) 공산주의의 확산을 막기 위해 나라들끼리 맺은 약속. Tip! 1936년 독일과 일본이 맺은 협정으로, 나중에 이탈리아가 참여하여 추축국 형성으로 이어졌어요.
독소 불가침 조약	독일 + 소련 + 아닐 불(不) + 옳을 가(可) + 침노할 침(侵) + 가지 조(條) + 맺을 약(約) 1939년 독일과 소련이 서로 침략하지 않겠다고 맺은 약속.
침공	침노할 침(侵) + 공격할 공(攻) 남의 나라를 침범하여 공격함.

 **한자로 어휘 넓히기**

軸 축 굴대, 중심 막대	주축(主軸) 어떤 일이나 행동의 중심이 되는 것.
	지축(地軸) 지구가 자전하는 축.
	회전축(回轉軸) 물체가 회전할 때 중심이 되는 축.

냉전체제
冷戰體制

찰 랭(냉)	싸움 전	몸 체	절제할 제

냉전체제 속에서 미국과 소련은 서유럽과 동유럽을 중심으로 동맹을 맺고 대립하였다.

손에 잡히는 어휘 풀이

랭(冷)은 '차갑다'를, 전(戰)은 '전쟁'을 뜻해요. 체제(體制)는 몸의 뼈대처럼 사회나 나라가 운영되는 기본 틀을 말해요.

냉전체제(冷戰體制)는 차갑게 맞서는 전쟁, 즉 직접 총칼이 부딪히는 **무력 충돌은 하지 않지만, 정치적·군사적·경제적으로 서로 강하게 대립하는 상태**를 의미해요. 이는 제2차 세계 대전 이후 미국을 중심으로 한 자본주의 진영과 소련을 중심으로 한 공산주의 진영 사이에 형성된 세계적인 긴장 상태를 가리켜요.

함께 알아 두기

분단
나눌 분(分) + 끊을 단(斷)
나누어져 끊어짐.
Tip! 제2차 세계 대전 후 이념의 차이로 냉전 시대를 맞이하며 독일은 동독과 서독, 베트남은 북베트남과 남베트남, 한반도는 북한과 남한으로 분단되었어요.

진영
진 칠 진(陣) + 운영할 영(營)
군대가 진을 치고 모인 곳, 같은 세력이나 집단을 가리키는 말.

봉쇄
막을 봉(封) + 자물쇠 쇄(鎖)
적의 통상이나 교통을 막음.

한자로 어휘 넓히기

冷 랭 차다	냉각(冷却) 뜨거운 것이 식어서 차가워짐.
	고랭지(高冷地) 해발 고도가 높아 여름에도 기온이 낮고 서늘한 지역.
	냉혈한(冷血漢) 피가 차가운 사람, 인정이나 동정심이 없는 사람.

반전평화
反 戰 平 和

반대할 **반** | 싸울 **전** | 평평할 **평** | 화할 **화**

반전평화 운동은 미군의 베트남 철수를 이끌어 내는 데 중요한 역할을 하였다.

 ### 손에 잡히는 어휘 풀이

반(反)은 '거스르다, 반대하다'를, 전(戰)은 '전쟁'을 뜻해요. 평화(平和)는 평온하고 화목한 상태를 의미해요.

반전평화(反戰平和)는 **전쟁을 반대하고 평화를 지향한다**는 뜻이에요. 제2차 세계 대전 때 사용된 생화학 무기나 핵무기로 인해 인류는 큰 희생을 치렀어요. 이후 냉전체제 속에서 또다시 세계 평화가 위협받자, 전쟁에 반대하고 평화를 요구하는 국제적 반전평화 운동이 활발히 일어났어요.

 ### 함께 알아 두기

생화학 무기	날 생(生) + 될 화(化) + 배울 학(學) + 힘쓸 무(武) + 그릇 기(器) 세균이나 독가스처럼 생물학적, 화학적 작용을 이용하여 사람을 공격하는 무기.
핵무기	씨 핵(核) + 힘쓸 무(武) + 그릇 기(器) 원자핵의 분열이나 융합으로 생기는 에너지를 이용한 무기. 원자 폭탄 등.
민권법	백성 민(民) + 권세 권(權) + 법 법(法) 인종, 피부색, 성별, 출신 국가에 따른 차별을 금지하고 모든 사람이 평등하게 대우받도록 만든 법. 마틴 루서 킹 목사 같은 인권 운동가들의 노력으로 1964년 미국에서 제정되었다.

  ### 한자로 어휘 넓히기

反 **반** 반대하다	**반감(反感)** 어떤 것에 대하여 반대하거나 거슬려 생기는 감정.
	반전(反轉) 상황이나 흐름이 반대로 뒤집힘.
	반의어(反義語) 뜻이 반대되는 단어.

수학, 기술·가정, 도덕

소수
素 數

| 본디 소 | 셈 수 |

13은 약수가 1과 13이므로 **소수**이다.

 **손에 잡히는 어휘 풀이**

소(素)는 '바탕, 근본'이라는 뜻이에요.

소수(素數)란 더 이상 나눌 수 없는 바탕이 되는 자연수라는 의미로, **1보다 큰 자연수 중에서 1과 자기 자신으로만 나눌 수 있는 수**예요.

예를 들어 7은 1과 7로만 나눌 수 있으므로 소수예요. 반면 8은 1과 8뿐 아니라 2와 4로도 나눌 수 있으므로 소수가 아니에요. 1보다 큰 자연수 중에서 소수가 아닌 수를 합성수라고 해요. 1은 소수도 아니고 합성수도 아니에요.

 **함께 알아 두기**

소수	작을 소(**小**) + 셈 수(**數**) 정수보다 작은 부분(정수 사이의 값)을 나타내기 위해 정수의 오른쪽에 소수점을 찍어 나타낸 수.(예: 0.02, 0.2, 3.14 …)
합성수	합할 합(**合**) + 이룰 성(**成**) + 셈 수(**數**) 여러 수가 합쳐져 이루어진 수. 1보다 큰 자연수 중에서 1과 자기 자신 말고 다른 수로도 나눌 수 있는 수.(예:4, 6, 8 …)
소인수분해	바탕 소(**素**) + 인할 인(**因**) + 셈 수(**數**) + 나눌 분(**分**) + 풀 해(**解**) 소수만을 인수로 사용해 나눔, 자연수를 소수의 곱으로 나타내는 것.

 **한자로 어휘 넓히기**

數 수 숫자, 세다	수량(**數量**) 수나 양.
	변수(**變數**) 여러 가지로 변할 수 있는 수.
	수수료(**手數料**) 어떤 일을 대신해 주거나 중간에서 처리해 준 대가로 받는 요금.

최대공약수
最 大 公 約 數

가장 **최**		큰 **대**
함께 **공**	묶을 **약**	셈 **수**

24와 36의 **최대공약수**는 12이므로,
두 수를 12로 나눌 수 있다.

 ### 손에 잡히는 어휘 풀이

약수(約數)는 묶어서 나누어 떨어지는 수예요. 예를 들어 12÷3=4에서 3과 4는 12의 약수예요. 공약수(公約數)는 여러 수가 함께 가지는 약수, 즉 공통된 약수예요.

최대공약수(最大公約數)란 그 **공약수들 중에서 가장 큰 수**예요. 예를 들어 12의 약수는 1, 2, 3, 4, 6, 12이고, 18의 약수는 1, 2, 3, 6, 9, 18이에요. 공약수는 1, 2, 3, 6이고 그중 가장 큰 수는 6이에요. 그래서 6은 12와 18의 최대공약수예요.

 ### 함께 알아 두기

배수	곱 배(倍) + 셈 수(數) 어떤 수의 갑절이 되는 수, 1보다 큰 정수를 곱하여 얻은 수. 예를 들어 12는 3의 배수이다.
공배수	함께 공(公) + 곱 배(倍) + 셈 수(數) 두 수 또는 그 이상의 수의 공통인 배수. 예를 들어 6과 8의 공배수는 24, 48, 72 … 이다.
최소공배수	가장 최(最) + 작을 소(小) + 함께 공(公) + 곱 배(倍) + 셈 수(數) 두 수 또는 그 이상의 수의 공배수 중 가장 작은 수. 예를 들어 6과 8의 최소공배수는 24이다.

 ### 한자로 어휘 넓히기

最 **최** 가장	최선(**最善**) 가장 좋은 방법.
	최적(**最適**) 여럿 가운데 가장 알맞음.
	최전방(**最前方**) 가장 앞쪽, 맨 앞의 위치.

정수
整 數

| 가지런할 정 | 셈 수 |

정수는 자연수와 0,
음의 정수까지 포함한 수다.

 **손에 잡히는 어휘 풀이**

정수의 정(**整**)은 '가지런하다'는 뜻이에요.

정수(**整數**)는 뜻 그대로 풀이하면 가지런하고 온전한 수라는 의미예요. 수학에서는 반듯하고 가지런한 수를 말해요. 즉 **0, 양의 정수(1, 2, 3, …), 음의 정수(-1, -2, -3, …)를 모두 포함하는 수의 집합**이지요. 예를 들어 '…, -3, -2, -1, 0, 1, 2, 3, …'처럼 수직선 위에 한 칸씩 가지런히 놓인 수가 정수예요. 수학에서 가장 기본적으로 다루는 수의 범위이지요.

 **함께 알아 두기**

자연수	스스로 자(**自**) + 그럴 연(**然**) + 셈 수(**數**) 1부터 하나씩 더하여 얻을 수 있는 수.
양수	볕 양(**陽**) + 셈 수(**數**) 밝고 위로 향하는 수, 0보다 큰 수.
음수	그늘 음(**陰**) + 셈 수(**數**) 그늘진 쪽의 수, 0보다 작은 수.

 **한자로 어휘 넓히기**

整 정 가지런하다	정리(**整理**) 흩어진 것을 가지런하게 다스림.
	정제(**整齊**) 고르고 가지런함.
	정형외과(**整形外科**) 뼈나 관절을 바로잡는 의학의 한 분야.

"""

다항식
多項式

많을 다	항목 항	법 식

다항식은 인수분해, 방정식 풀이 등 다양한 문제 해결에 활용된다.

손에 잡히는 어휘 풀이

수학에서 항(項)이란 수나 문자로 이루어진 하나의 덩어리를 의미해요. 예를 들어 $3x$, $2y^2$, 5 같은 것이 항이에요.

다항식(多項式)은 **여러 개의 항으로 이루어진 식**을 말해요. 예를 들어 $3x+2$는 두 개의 항으로 이루어진 식이고, x^2+2x+1은 세 개의 항으로 이루어진 식이에요. 한 개의 항으로만 이루어진 식은 단항식(單項式)이라고 해요.

함께 알아 두기

상수항	항상 상(**常**) + 셈 수(**數**) + 항목 항(**項**) 다항식에서 문자가 포함되지 않은 항. 예를 들어 $3x+5$에서 '5'가 상수항이다.
교환법칙	사귈 교(**交**) + 바꿀 환(**換**) + 법 법(**法**) + 법칙 칙(**則**) 두 수를 더하거나 곱할 때 순서를 바꾸어도 결과가 같다는 법칙.
결합법칙	맺을 결(**結**) + 합할 합(**合**) + 법 법(**法**) + 법칙 칙(**則**) 셋 이상의 수를 더하거나 곱할 때 묶는 순서를 바꾸어도 결과가 같다는 법칙.

한자로 어휘 넓히기

項 항 항목, 목록	조항(**條項**) 법령이나 규정의 조목과 항목.
	이항(**移項**) 등식의 항을 옮겨 부호를 바꾸는 일.
	애로사항(**隘路事項**) 일을 하는 데 겪는 어려운 문제나 항목.

동류항

同 類 項

같을 **동**	무리 **류**	항목 **항**

$2x$, $3y$는 **동류항**이 아니므로
더하거나 뺄 수 없다.

손에 잡히는 어휘 풀이

동(同)은 '함께, 같음'을 뜻해요. 류(類)는 비슷한 특징을 가진 것을 묶어놓은 무리를 의미해요.

동류항(同類項)이란 같은 종류의 항, 즉 **문자와 차수가 같은 항**을 말해요. 예를 들어 $3x^2$와 $5x^2$는 동류항이에요. 반대로 $3x^2$와 $2x$는 문자의 차수가 다르기 때문에 동류항이 아니에요. 동류항은 더하거나 빼서 하나로 묶을 수 있어요.

함께 알아 두기

차수	버금 차(**次**) + 셈 수(**數**) 문자가 몇 번 곱해졌는지를 나타내는 수. 예를 들어 x^3y^2의 차수는 x는 3, y는 2, xy는 5이다.
지수	가리킬 지(**指**) + 셈 수(**數**) 어떤 수나 문자를 거듭제곱한 횟수. 예를 들어 5^3, a^2에서 5의 지수는 3, a의 지수는 2이다.
계수	이을 계(**係**) + 셈 수(**數**) 항에서 문자에 곱해진 수. 예를 들어 $5x$의 계수는 5이다.

한자로 어휘 넓히기

類 **류** 무리, 종류, 비슷하다	분류(**分類**) 일정한 기준에 따라 종류를 나눔.
	맹금류(**猛禽類**) 날카로운 발톱을 가진 사나운 새의 무리.
	유유상종(**類類相從**) 비슷한 사람끼리 잘 어울림.

등식 等式

같을 등 | **법 식**

등식의 값을 바꾸지 않고 식을 변형하려면 같은 수를 양변에 더하거나 빼야 한다.

손에 잡히는 어휘 풀이

등(等)은 '같다'라는 뜻이에요. 식(式)은 일정한 규칙이나 모양을 가진 식을 말해요. 등식(等式)이란 서로 같음을 나타내는 식이에요. 즉, **두 수나 식이 서로 같다는 것을 등호(=)로 연결해 표현한 식**을 말해요. 예를 들어 $x+5=500$처럼 왼쪽과 오른쪽의 값이 같으면 등식이에요. 이때 등호의 왼쪽을 좌변, 오른쪽을 우변이라고 해요. 등식은 수학에서 '같다'는 관계를 식으로 나타낸 것이라 할 수 있어요.

함께 알아 두기

부등식
아닐 불/부(**不**) + 같을 등(**等**) + 법 식(**式**)
두 수나 식이 서로 같지 않거나, 크고 작음을 나타내는 식. 부등호(>, <, ≥, ≤)로 두 식의 크기를 비교한다.

항등식
항상 항(**恒**) + 같을 등(**等**) + 법 식(**式**)
미지수의 값에 관계없이 언제나 성립하는 등식.

방정식
모 방(**方**) + 헤아릴 정(**程**) + 법 식(**式**)
알맞은 값을 구하는 식. 미지수가 포함된 등식으로, 그 식이 참이 되도록 하는 미지수의 값을 찾는 식.

한자로 어휘 넓히기

式
식
법, 형식, 방식

도식(**圖式**)	사물의 구조나 관계를 그림이나 기호로 나타내는 방식.
객관식(**客觀式**)	일정한 보기 중에서 정답을 고르게 하는 시험의 형식.
약식(**略式**)	정식이 아닌 간단한 형식이나 절차.

미지수

未 知 數

아닐 **미**	알 **지**	셈 **수**

$2x=10$이라는 등식에서 x가 **미지수**이고,
$x=5$일 때 등식이 성립한다.

 **손에 잡히는 어휘 풀이**

미(未)는 '아직'이라는 뜻이고, 지(知)는 '알다'라는 뜻이에요.

미지수(未知數)는 아직 알지 못한 수라는 뜻이에요. 수학에서는 **값이 정해지지 않은 수**를 미지수라고 해요. 예를 들어 식 $x+3=5$에서 x는 어떤 수인지 아직 모르기 때문에 미지수예요. 이때 $x=2$가 되면 등식이 성립해요.

미지수는 문제를 풀 때 찾아야 하는 수를 대신해서 사용하는 글자예요. 방정식을 푸는 목적은 이 미지수의 값을 구하는 것이에요.

 **함께 알아 두기**

해	풀 해(**解**) 방정식이나 부등식이 참이 되게 하는 미지수의 값. 답.
대입	대신할 대(**代**) + 들 입(**入**) 미지수 자리에 수를 넣은 것.
이항	옮길 이(**移**) + 항목 항(**項**) 방정식의 항을 반대쪽으로 옮김. 이때 부호가 바뀐다.

 **한자로 어휘 넓히기**

未
미
아니다, 못하다

미달(**未達**) 기준이나 목표에 아직 이르지 못함.
미개(**未開**) 아직 문명이나 문화가 발달하지 못함.
미성년자(**未成年者**) 아직 나이가 성년에 이르지 못함.

좌표
座 標

| 자리 **좌** | 표할 **표** |

원점에서 오른쪽으로 2,
위로 2만큼 간
점의 **좌표**는 (2, 2)이다.

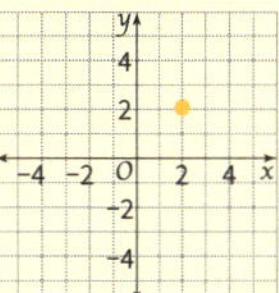

 손에 잡히는 어휘 풀이

좌(座)는 '자리'나 '앉다'라는 뜻이고, 표(標)는 '표시하다'라는 뜻이에요.

좌표(座標)란 자리를 표시하는 표라는 뜻이에요. 수학에서는 **수직선 위의 한 점에 대응하는 수**를 그 점의 좌표라고 해요. 가로 방향 수직선을 x축, 세로 방향 수직선을 y축이라고 해요. 예를 들어 좌표 $(3, 2)$는 x축 방향으로 3만큼, y축 방향으로 2만큼 이동한 점을 나타내요.

 함께 알아 두기

좌표평면
자리 좌(座) + 표시할 표(標) + 평평할 평(平) + 얼굴 면(面)
두 축(x, y)으로 이루어진 평면 전체.

사분면
넉 사(四) + 나눌 분(分) + 얼굴 면(面)
좌표평면을 x축과 y축으로 나누어 생긴 네 면.

 한자로 어휘 넓히기

 座 좌 자리	
	좌석(座席) 앉을 수 있게 마련된 자리.
	좌우명(座右銘) 자리의 오른쪽에 새겨 두고 늘 기억하는 명언.
	석좌교수(碩座教授) 특정한 자리를 두고 명예롭게 초빙된 교수.

동위각
同 位 角

같을 **동**	자리 **위**	뿔 **각**

동위각이 서로 같으면 두 직선은 평행한다고 할 수 있다.

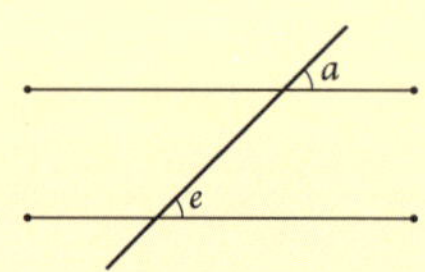

 손에 잡히는 어휘 풀이

동(同)은 '같다', 위(位)는 '자리', 각(角)은 '각도'를 뜻해요.

동위각(同位角)은 같은 자리에 있는 각이라는 뜻이에요. 수학에서는 **두 직선이 한 직선에 의해 잘렸을 때, 같은 위치에 생기는 두 각**을 동위각이라고 해요. 예를 들어 평행한 두 직선을 한 직선이 가로질러 지나가면 위쪽과 아래쪽에 같은 자리의 각이 생겨요. 이때 그 각들의 크기는 서로 같아요. 이 성질을 이용하면 각의 크기를 구하거나 두 직선이 평행한지 판단할 수 있어요.

 함께 알아 두기

엇각	두 직선이 한 직선과 만날 때 서로 마주 보는 위치에 생기는 각.
맞꼭지각	두 직선이 교차할 때 서로 마주 보는 각.
평행선	평평할 평(平) + 다닐 행(行) + 줄 선(線) 한 평면 위에서 서로 만나지 않는 두 직선.

 한자로 어휘 넓히기

角 각 뿔, 모서리	**각축(角逐)** 동물들이 뿔로 싸우듯이 치열하게 경쟁함.
	빙산일각(氷山一角) 거대한 빙산 중에 뿔처럼 뾰족하게 드러난 한 조각.
	사각지대(死角地帶) 시야가 닿지 않는 모서리. 보이지 않거나 관심이 미치지 않는 곳.

대변

對 邊

| 대할 대 | 가장자리 변 |

삼각형에서 한 각의 크기가 커지면
그 **대변**의 길이도 함께 길어진다.

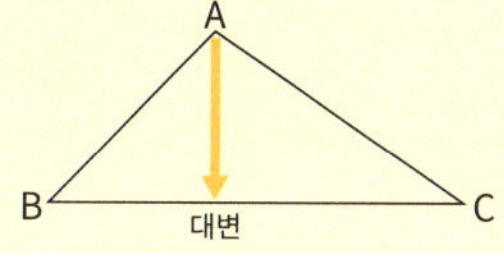

 **손에 잡히는 어휘 풀이**

대(對)는 '마주 대하다'라는 뜻이고, 변(邊)은 '모서리'나 '가장자리'를 뜻해요.

대변(對邊)은 어떤 꼭짓점과 **마주 보는 변**을 말해요. 삼각형에서 꼭짓점 하나를 정했을 때 그 꼭짓점과 마주 보는 변이 그 꼭짓점의 대변이에요.

예를 들어 삼각형 ABC에서 꼭짓점 A의 대변은 맞은편에 있는 변 BC예요. 또 한 변을 기준으로 보면 그 변의 맞은편 꼭짓점에 있는 각이 그 변의 대각이에요.

 **함께 알아 두기**

밑변 삼각형에서 아래쪽에 놓인 변.

내각 안 내(內) + 뿔 각(角)
삼각형의 안쪽에 있는 각. 세 내각의 합은 180°.

대응변 대할 대(對) + 응할 응(應) + 가장자리 변(邊)
합동인 삼각형에서 서로 같은 위치에 있는 변.

 **한자로 어휘 넓히기**

邊 **변** 가장자리	강변(江邊) 강가. 강의 가장자리 부분.
	해변(海邊) 바닷가. 바다에 가까운 땅.
	변방(邊方) 나라의 가장자리에 있는 경계가 되는 지역.

할선

割 線

가를 할	줄 선

할선은 원을 두 점에서 가르기 때문에
원의 안쪽을 통과한다.

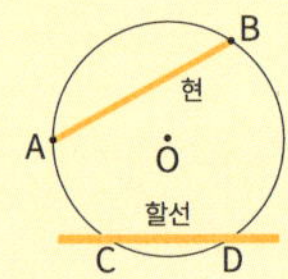

 **손에 잡히는 어휘 풀이**

할(割)은 '가르다, 나누다'라는 뜻이고, 선(線)은 '줄'이나 '선'을 뜻해요.

할선(割線)은 **원과 두 개 이상의 점에서 만나 그 원을 가르는 선**을 말해요. 예를 들어 원 위의 두 점 A, B를 지나가는 직선은 그 원의 할선이에요.

원 위의 두 점을 기준으로, 두 점을 잇는 원둘레의 부분은 '호'라고 하고, 두 점을 곧게 이은 직선 부분은 '현'이라고 해요.

 **함께 알아 두기**

접선	접할 접(接) + 줄 선(線) 원과 한 점에서만 만나는 선.
지름	원의 중심을 지나는 현.
반지름	원의 중심에서 원 위의 한 점까지의 거리.

 **한자로 어휘 넓히기**

割 **할** 가르다, 나누다	할당(**割當**) 전체를 나누어 일정한 몫을 정함.
	할부(**割賦**) 값을 몇 번으로 나누어 냄.
	할인(**割引**) 가격을 잘라 내어 낮춤. 정상 가격보다 깎음.

최빈값

最 頻

| 가장 최 | 자주 빈 |

평균, 중앙값, **최빈값**은 모두 자료의 특징이나 경향을 나타내는 대표값이다.

 ### 손에 잡히는 어휘 풀이

최(最)는 '가장'을, 빈(頻)은 '자주'를 뜻해요.

최빈값(最頻값)이란 자료 중에서 **가장 자주 나타나는 값**을 말해요. 예를 들어 시험 점수가 70, 80, 80, 85, 90일 때 80이 두 번 나오므로 최빈값은 80이에요.

최빈값은 자료의 대표적인 경향을 한눈에 보여 주는 값이에요. 평균이나 중앙값과 달리 자료에 따라 최빈값이 두 개 이상일 수도 있어요.

 ### 함께 알아 두기

평균	평평할 평(平) + 고를 균(均) 모든 값을 더한 뒤 값의 개수로 나눈 값.
중앙값	가운데 중(中) + 가운데 앙(央) + 값 자료를 크기 순으로 나열했을 때 가운데에 있는 값.
도수	정도 도(度) + 셈 수(數) 어떤 값이 나타난 횟수. 통계에서 특정한 값이나 구간에 속하는 자료의 개수

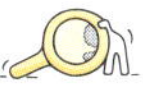 ### 한자로 어휘 넓히기

頻
빈
자주

빈발(**頻發**)	어떤 일이 자주 일어남.
빈출(**頻出**)	글이나 시험에서 특정 단어나 내용이 자주 나옴.
빈도(**頻度**)	자주 일어나는 정도.

성징
性 徵

| 성별 성 | 부를 징 |

청소년기에는 2차 **성징**이 나타나
남자는 수염이 나고, 변성기가 오면서
목소리가 낮아진다.

손에 잡히는 어휘 풀이

성(性)은 '성별'을 뜻해요. 남성, 여성 할 때의 '성'이지요. 징(徵)은 숨겨져 있는 것을 겉으로 불러내어 드러낸다는 뜻이에요.

성징(性徵)은 **성별에 따라 다르게 드러나는 신체적 특징**을 말해요.

성징에는 1차 성징과 2차 성징이 있어요. 1차 성징은 태어날 때부터 있는 남녀를 구분하는 생식 기관의 차이를, 2차 성징은 청소년기에 성호르몬이 분비되어 겉모습이 남성과 여성으로 뚜렷하게 구분되는 변화를 가리켜요.

함께 알아 두기

변성기	변할 변(變) + 소리 성(聲) + 기약할 기(期) 사춘기 무렵에 성대가 자라면서 목소리가 굵어지고 낮게 변하는 시기.
생식기	날 생(生) + 번식할 식(殖) + 그릇 기(器) 생명을 낳아 번식에 필요한 신체 기관. 남자는 고환과 음경, 여자는 난소, 자궁 등.
신체상	몸 신(身) + 몸 체(體) + 모양 상(像) 자신의 외모와 신체에 대해 스스로 인식하고 평가하는 모습.

한자로 어휘 넓히기

徵 징 드러나다, 나타나다	징후(徵候) 어떤 일이 일어날 조짐이나 현상이 나타남.
	징조(徵兆) 어떤 일이 일어날 때 나타나는 기미나 조짐.
	특징(特徵) 다른 것과 다른 드러나는 특별한 성질.

질풍노도

疾風怒濤

병 질	바람 풍	성낼 노	물결 도

청소년기는 **질풍노도**와 같은 시기로
감정의 변화가 크고
정서적으로 불안정해지기 쉽다.

 손에 잡히는 어휘 풀이

질풍(疾風)은 빠르게 부는 바람을, 노도(怒濤)는 성난 듯 거세게 치는 파도를 뜻해요. 질풍노도(疾風怒濤)란 말 그대로 **빠른 바람과 거센 파도**를 뜻해요. 주로 청소년기의 감정 변화를 비유할 때 쓰여요.

청소년 시기에는 기분이 급격히 변하고 감정이 예민해지기 쉬워서, 마음이 마치 거센 바람과 파도처럼 요동치곤 해요. 따라서 질풍노도란 청소년이 어른으로 성장하며 겪는 감정의 혼란과 변화를 표현한 말이에요.

 함께 알아 두기

사춘기	생각 사(思) + 봄 춘(春) + 기약할 기(期) 몸과 마음이 어린이에서 어른으로 변화하기 시작하는 시기.
감정 기복	느낄 감(感) + 뜻 정(情) + 일어날 기(起) + 엎드릴 복(伏) 기분이 쉽게 오르내리는 상태.
성장통	이룰 성(成) + 자랄 장(長) + 아플 통(痛) : 몸과 마음이 성숙해 가는 과정에서 겪는 어려움.

  한자로 어휘 넓히기

怒 노 성내다, 화내다	격노(激怒) 몹시 화를 냄.
	분노(憤怒) 분한 마음이 북받쳐서 화를 냄.
	희로애락(喜怒哀樂) 사람의 기본적인 네 감정인 기쁨, 분노, 슬픔, 즐거움.

상상적 관중
想 像 的 觀 衆

생각할 상	모양 상	과녁 적
볼 관		무리 중

청소년 시기에는 자기 중심적 사고가 나타나며 **상상적 관중**, 개인적 우화와 같은 특징을 보인다.

 ### 손에 잡히는 어휘 풀이

상상(想像)은 실제로 존재하지 않는 것을 머릿속에 그려 보는 것이고, 관중(觀衆)은 어떤 장면을 지켜보는 여러 사람을 뜻해요.

상상적 관중(想像的觀衆)이란 머릿속으로 만들어 낸 관객, 즉 **다른 사람들이 자신을 지켜보고 있다고 느끼는 인식**을 말해요. 청소년기는 자신을 무대의 주인공으로, 주변 사람들은 관중처럼 여기고 타인의 시선을 지나치게 의식하게 돼요. 이러한 특징은 다양한 대인 관계를 경험하며 타인과 자신을 객관적으로 이해하게 되면서 자연스럽게 사라져요.

 ### 함께 알아 두기

자기 중심적 사고	스스로 자(自) + 몸 기(己) + 가운데 중(中) + 마음 심(心) + 과녁 적(的) + 생각 사(思) + 생각할 고(考) 타인도 자신과 똑같이 자신에게 관심이 많다고 믿으며 자신이 세상의 중심이 된다고 생각하는 경향.
개인적 우화	낱 개(個) + 사람 인(人) + 과녁 적(的) + 부칠 우(寓) + 말씀 화(話) 자신을 이야기 속 주인공처럼 특별한 존재로 여기고, 결코 불행한 일이 일어나지 않거나 아무도 내 마음을 이해하지 못한다고 믿는 마음.

  ### 한자로 어휘 넓히기

像 상 모양, 모습	동상(銅像) 구리로 만든 사람이나 사물의 모습.
	잔상(殘像) 어떤 것을 본 뒤에도 한동안 눈에 남아 보이는 모습.
	군상(群像) 떼를 지어 모여 있는 많은 사람의 모습.

감수성
感 受 性

느낄 감	받을 수	성질 성

성 인지 **감수성**은 성별 고정 관념을 없애고 평등하고 존중하는 사회를 만드는 첫걸음이다.

 ### 손에 잡히는 어휘 풀이

감(感)은 마음으로 느끼는 것, 수(受)는 받아들이는 것을 뜻해요.

감수성(感受性)은 느끼고 받아들이는 성질을 의미해요. **주변의 일이나 다른 사람의 감정을 섬세하게 느끼고 공감하는 능력**이에요.

청소년기는 정서가 풍부해지고 감수성이 예민해지는 시기예요. 특히 성 인지 감수성은 성별에 따라 차별이나 불평등이 일어나는 상황을 민감하게 인식하고 공감하는 능력을 말해요. 감수성은 다른 사람을 이해하고 존중하는 데 필수적인 능력이에요.

 ### 함께 알아 두기

공감	함께 공(共) + 느낄 감(感) 다른 사람의 감정이나 처지를 나의 일처럼 함께 느낌.
인권 감수성	사람 인(人) + 권세 권(權) + 감수성 인권이 침해되는 상황을 예민하게 느끼고 그것을 문제로 인식하는 태도.
도덕적 감수성	길 도(道) + 덕 덕(德) + 과녁 적(的) + 감수성 도덕적 상황에서 타인의 감정과 처지를 이해하며 그 상황의 옳고 그름을 판단하는 태도.

 ### 한자로 어휘 넓히기

受 수 받다	수동(受動) 남의 작용이나 영향을 받아 움직임.
	수신(受信) 신호나 정보를 받음.
	수령(受領) 물건이나 돈을 받음.

동조
同 調

| 같을 동 | 고를 조 |

청소년기에는 또래들에게 받는 인정을
중요하게 생각해 집단의 행동을 따라 하는
동조 행동을 보이기도 한다.

손에 잡히는 어휘 풀이

동(同)은 '같다, 함께하다', 조(調)는 '고르다, 조절하다'라는 뜻이에요.

동조(同調)는 생각이나 행동을 다른 사람과 같게 조절하는 것을 말해요. **다른 사람의 생각이나 행동에 영향을 받아 자신의 행동을 그에 맞추는 것**이지요.

청소년기에는 또래 관계의 영향이 커서 동조 행동이 자주 나타나요. 예를 들어 모두 같은 옷차림을 하거나, 유행어를 따라 하거나, 친구들의 의견에 맞춰 행동하는 경우가 이에 해당해요.

함께 알아 두기

모방	본뜰 모(模) + 본뜰 방(倣) 다른 것을 본떠서 그대로 흉내 내거나 비슷하게 행동하는 것.
또래 압력	또래 + 누를 압(壓) + 힘 력/역(力) 같은 또래 집단 안에서 다른 사람들과 같아야 한다고 느끼는 보이지 않는 힘.

한자로 어휘 넓히기

調 조 고르다, 조절하다	조화(調和) 서로 조절하여 잘 어울리게 함.
	조리(調理) 재료를 알맞게 다루어 음식을 만드는 일.
	조율(調律) 악기의 음을 맞추어 고름.

익명성
匿 名 性

숨길 닉(익)	이름 명	성질 성

가상 공간에서는 **익명성**으로 인한 자유를 누릴 수 있지만 인터넷 언어 폭력 문제가 발생할 수도 있다.

손에 잡히는 어휘 풀이

닉(匿)은 '숨기다, 감추다'를, 명(名)은 '이름'을 뜻해요.

익명성(匿名性)이란 **자신의 이름이나 신분이 드러나지 않는 특성**을 말해요. 예를 들어 인터넷 같은 가상 공간에서 실제 이름이나 얼굴을 밝히지 않아도 글을 쓰거나 의견을 표현할 수 있는 특징이 이에 해당해요.

익명성은 자유롭게 생각을 표현하도록 도와주는 긍정적인 면이 있어요. 하지만 익명성 뒤에 숨으면 책임감이 약해져, 공격적으로 말하거나 허위 정보를 퍼뜨려 타인에게 피해를 줄 수도 있어요.

함께 알아 두기

가상 공간	거짓 가(假) + 생각 상(想) + 빌 공(空) + 사이 간(間) 현실이 아닌 컴퓨터나 네트워크에 만들어진 허상의 공간.
허위 정보	빌 허(虛) + 거짓 위(僞) + 뜻 정(情) + 알릴 보(報) 사실이 아닌 거짓된 내용의 정보.
사이버 폭력	Cyber + 폭(暴) + 힘 력/역(力) 인터넷 공간에서 말이나 글로 남을 괴롭히는 행위.

한자로 어휘 넓히기

名 명 이름, 이름나다	개명(**改名**) 이름을 바꿈.
	명승지(**名勝地**) 경치가 뛰어나기로 이름난 곳.
	동명이인(**同名異人**) 이름은 같지만 다른 사람.

영양소
營養素

| 경영할 **영** | 기를 **양** | 바탕 **소** |

영양소는 종류에 따라 고유의 역할이 있으며 우리 몸에서 각각의 기능을 수행한다.

 **손에 잡히는 어휘 풀이**

영(營)은 '경영하다, 꾸리다'를 뜻하고, 양(養)은 '기르다, 자라게 하다'를 의미해요. 소(素)는 '본바탕'이나 '성분'을 뜻해요.

영양소(營養素)란 **건강을 유지하고 성장하며 활동하는 데 필요한 기본 성분**을 말해요. 주로 음식에 들어 있으며, 우리 몸은 영양소를 이용해 에너지를 얻고 성장하고 몸의 기능을 조절할 수 있어요.

영양소는 기능에 따라 에너지를 공급하는 영양소, 신체 조직을 구성하는 영양소, 생리 기능을 조절하는 영양소로 나눌 수 있어요.

 **함께 알아 두기**

지방	기름 지(**脂**) + 기름 방(**肪**) 기름기 성분. 에너지를 저장하고 체온을 유지하게 하는 영양소.
탄수화물	숯 탄(**炭**) + 물 수(**水**) + 될 화(**化**) + 물건 물(**物**) 탄소와 물 분자로 이루어진 화합물. 인체의 주요 에너지원이 되는 영양소.
생리 기능	날 생(**生**) + 이치 리/이(**理**) + 틀 기(**機**) + 능할 능(**能**) 생물의 몸에서 일어나는 여러 가지 생명활동. 소화, 호흡, 배설 등.

 **한자로 어휘 넓히기**

養 양 기르다	양육(**養育**) 길러서 자라게 함.
	양봉(**養蜂**) 벌을 길러 꿀을 얻는 일.
	양계장(**養鷄場**) 닭을 기르는 곳.

섭식장애

攝 食 障 礙

| 잡을 섭 | 먹을 식 | 막을 장 | 거리낄 애 |

섭식장애를 예방하려면 자신의 몸을 긍정적으로 바라보고, 규칙적인 식습관을 유지하는 것이 중요하다.

 ### 손에 잡히는 어휘 풀이

섭(攝)은 '잡다, 다스리다'를 뜻하고, 식(食)은 '먹다, 음식'을 의미해요. 섭식(攝食)은 음식을 몸 안으로 받아들이는 일을 말해요. 장(障)은 '가로막다', 애(礙)는 '방해하다'라는 뜻이에요. 장애(障礙)는 무언가에 가로막혀 충분히 기능을 하지 못하는 상태를 말해요. 섭식장애(攝食障礙)란 **음식을 먹는 데 문제가 생겨 정상적인 식사 행동이 어려워지는 상태**를 말해요. 주로 체형이나 체중에 대한 지나친 집착, 스트레스, 불안 등 심리적 요인으로 인해 나타나요. 대표적인 예로 거식증과 폭식증이 있어요.

 ### 함께 알아 두기

거식증	막을 거(拒) + 먹을 식(食) + 증세 증(症) 심리적 이유로 먹는 행위를 거부하거나 두려워하는 병적 증세.
폭식증	사나울 폭(暴) + 먹을 식(食) + 증세 증(症) 음식을 한꺼번에 지나치게 많이 먹는 병적 증세.
체형 왜곡	몸 체(體) + 모양 형(形) + 비뚤 왜(歪) + 굽을 곡(曲) 자신의 체형을 실제와 다르게 인식하는 현상.

 ### 한자로 어휘 넓히기

食 식 먹다, 식사	
	결식(缺食) 식사를 하지 못해 굶음.
	기내식(機內食) 비행기 안에서 승객에게 제공하는 식사.
	무위도식(無爲徒食) 일은 하지 않고 다만 먹고 놀기만 함.

"

착시
錯 視

| 어긋날 착 | 볼 시 |

줄무늬가 세로로 들어간 옷을 입으면
몸이 길어 보이는 것은 **착시** 효과 때문이다.

손에 잡히는 어휘 풀이

착(錯)은 '잘못되다, 섞이다'를, 시(視)는 '보다'를 뜻해요.

착시(錯視)는 **눈으로 본 것이 실제와 다르게 보이는 현상**을 말해요. 예를 들어 같은 길이의 선이라도 화살표 방향이나 배치에 따라 더 길거나 짧게 보이기도 해요.

착시는 눈과 뇌가 정보를 처리하는 과정에서 생기는 오해 때문에 나타나요. 의복에서는 이러한 착시 효과를 활용해 줄무늬나 색 대비 등으로 몸이 더 날씬하거나 키가 커 보이도록 표현할 수 있어요.

함께 알아 두기

보색	도울 보(補) + 빛 색(色) 서로 색을 보완하는 색. 색상환에서 서로 마주 보는 색으로, 함께 쓰면 색이 더 선명해 보인다. 예를 들어 빨강-초록, 파랑-주황 등이 있다.
명도	밝을 명(明) + 정도 도(度) 색의 밝고 어두운 정도. 밝은 색은 커 보이고, 어두운 색은 작아 보인다.
환영	헛보일 환(幻) + 그림자 영(影) 실제로는 없는데 눈에 보이는 것처럼 느껴지는 현상.

한자로 어휘 넓히기

錯 착 잘못되다, 섞이다	착각(錯覺) 실제와 다르게 잘못 생각하거나 느낌.
	교착(交錯) 서로 엇갈려 뒤섞임.
	착란(錯亂) 정신이 어지럽고 뒤섞여 혼란한 상태.

기성복
既成服

| 이미 **기** | 이룰 **성** | 옷 **복** |

기성복은 치수가 같아도 디자인에 따라 자신의 몸에 맞지 않을 수 있으므로 잘 살펴야 한다.

손에 잡히는 어휘 풀이

기(旣)는 '이미', 성(成)은 '이루다', 복(服)은 '옷'을 뜻해요.

기성복(旣成服)은 **여러 사람의 체형과 치수를 기준으로 미리 만들어 놓은 옷**을 말해요.

기성복은 공장에서 표준화된 크기와 디자인으로 대량 생산되며, 백화점이나 마트, 인터넷 쇼핑몰 등에서 쉽게 구입할 수 있어요. 맞춤복보다 가격이 저렴하고 구입하기 편리하다는 장점이 있지만 개인의 체형에 꼭 맞지 않을 수도 있다는 한계가 있어요.

함께 알아 두기

맞춤복	개인의 체형과 취향에 맞게 특별히 맞춘 옷.
봉제	꿰맬 봉(縫) + 지을 제(製) 천을 바느질해 의복을 만드는 과정.
기능성 의복	틀 기(機) + 능할 능(能) + 성질 성(性) + 옷 의(衣) + 옷 복(服) 방수, 보온, 통풍 등 특별한 기능이 강화된 옷.

한자로 어휘 넓히기

旣 **기** 이미	기출(**旣出**) 이미 한 번 나온 것.
	기혼(**旣婚**) 이미 결혼함.
	기성세대(**旣成世代**) 이미 사회적으로 자리 잡아 생활하는 세대.

채광
採 光

캘 **채**	빛 **광**

채광량을 조절하려면
커튼, 블라인드, 차양, 발 등을 활용한다.

 손에 잡히는 어휘 풀이

채(採)는 '캐다, 사로잡다'를, 광(光)은 '빛'을 뜻해요.

채광(採光)은 실내를 밝고 따뜻하게 만들기 위해 **창을 통해 햇빛을 실내로 끌어들이는 일**을 말해요. 자연의 햇빛을 적절히 들이면 조명의 사용을 줄여 에너지를 절약할 수 있고, 실내 환경을 쾌적하게 유지하는 데에도 도움이 돼요. 햇빛이 너무 강하면 눈이 부시거나 실내가 더워질 수 있으므로, 창문의 방향과 크기를 고려해 햇빛의 양을 조절하는 것이 중요해요.

 함께 알아 두기

조명	비출 조(**照**) + 밝을 명(**明**) 빛을 비추어 밝게 함.
환기	바꿀 환(**換**) + 기운 기(**氣**) 탁한 공기를 맑은 공기로 바꿈.
일조량	해 일(**日**) + 비출 조(**照**) + 헤아릴 량/양(**量**) 일정한 물체의 표면이나 지표면에 햇빛이 비추는 양.

  한자로 어휘 넓히기

採 **채** 캐다, 사로잡다	채굴(**採掘**) 광물이나 암석 같은 자원을 캐냄.
	채혈(**採血**) 혈액을 뽑음.
	채집(**採集**) 식물이나 곤충 등을 잡아 모음.

기술·가정

적정기술
適 正 技 術

| 맞을 적 | 바를 정 | 재주 기 | 재주 술 |

적정기술은 환경을 보존하고 인류의 삶을 개선하는 미래 기술로 주목받고 있다.

 손에 잡히는 어휘 풀이

적(適)은 '알맞다', 정(正)은 '바르다'란 뜻이에요. 적정(適正)이란 넘치거나 모자라지 않고 가장 알맞은 상태를 말해요. 기(技)는 무언가 만들어 내는 정교한 손놀림을, 술(術)은 목적을 이루기 위한 특별한 방법을 뜻해요.

적정기술(適正技術)은 **지역의 환경과 생활 수준에 알맞게 개발된 지속가능한 기술**을 말해요. 값비싼 기계나 복잡한 장치 대신, 지역의 재료와 자연환경을 활용해 누구나 쉽게 만들고 사용할 수 있도록 개발된 기술이에요. 예를 들어 전기가 없어도 음식을 신선하게 보관할 수 있는 항아리 냉장고, 플라스틱병을 재활용한 조명 등이 있어요.

 함께 알아 두기

친환경	친할 친(親) + 고리 환(環) + 지경 경(境) 오염을 줄이고 자연 그대로의 환경과 잘 어울리는 일.
저비용 기술	낮을 저(低) + 쓸 비(費) + 쓸 용(用) + 기술 낮은 비용으로도 효과를 크게 낼 수 있도록 개발한 기술.
탄소배출	숯 탄(炭) + 바탕 소(素) + 밀칠 배(排) + 날 출(出) 이산화탄소 같은 탄소 화합물이 대기 중으로 나오는 일. 적정기술은 이것을 줄이는 방향으로 개발됨.

 한자로 어휘 넓히기

適 적 알맞다	적법(適法) 법이나 규칙에 알맞음.
	적응(適應) 환경이나 변화에 알맞게 됨.
	적임자(適任者) 어떤 일에 꼭 알맞은 자격을 가진 사람.

지식 재산권

知 識 財 産 權

알 지	알 식
재물 재	낳을 산	권세 권

지식 재산권 제도는 창작자가 창의적인 활동을 안정적으로 이어갈 수 있도록 보호하는 제도이다.

 손에 잡히는 어휘 풀이

지식(知識)은 사람이 배우고 경험하며 얻은 생각이나 아이디어, 기술을 뜻해요. 재산권(財産權)은 가치 있는 것을 소유하고 사용할 수 있는 권리를 말해요.

지식 재산권(知識財産權)이란 **사람이 생각하고 만들어 낸 아이디어나 발명품, 창작물을 자신의 재산처럼 보호받을 수 있는 권리**를 말해요. 지식 재산권은 크게 저작권, 신지식 재산권, 산업 재산권으로 나눌 수 있어요.

 함께 알아 두기

저작권	지을 저(著) + 지을 작(作) + 권세 권(權) 글이나 작품을 만든 사람에게 주어지는 권리.
표절	훔칠 표(剽) + 훔칠 절(竊) 남의 저작물 일부 또는 전부를 몰래 훔쳐 씀.
라이선스	License 남이 만든 작품이나 기술을 사용하기 위해 받는 허가.

  한자로 어휘 넓히기

知 지 알다	지각(知覺) 알아서 깨달음.
	인지(認知) 어떤 사실이나 상황을 알고 이해함.
	무지(無知) 아는 것이 없음.

특허권
特許權

특별할 특	허락할 허	권세 권

특허권은 출원일로부터
20년간 권리가 보장된다.

 **손에 잡히는 어휘 풀이**

특(特)은 '특별하다', 허(許)는 '허락하다'를 뜻해요.

특허권(特許權)이란 새로운 물건이나 기술을 만든 사람에게 그 사람만 그것을 쓸 수 있도록 **나라가 특별히 허락해 준 권리**를 말해요. 특허를 받으면 다른 사람이 그 기술이나 제품을 허락 없이 사용할 수 없기 때문에, 발명자는 자신의 아이디어를 안전하게 보호받으며 새로운 기술을 계속 개발할 수 있어요.

 **함께 알아 두기**

상표권
장사 상(商) + 표할 표(標) + 권세 권(權)
상품을 구분하는 이름이나 표시를 보호하는 권리.

실용신안권
열매 실(實) + 쓸 용(用) + 새로울 신(新) + 책상 안(案) + 권세 권(權)
생활에 유용한 새로운 구조나 아이디어를 보호하는 권리.
Tip! 특허권은 새로운 발명을 보호하는 권리이고, 실용신안권은 생활에 유용한 작은 아이디어나 구조의 개선을 보호하는 권리예요.

출원
나갈 출(出) + 바랄 원(願)
권리를 얻기 위해 공식적으로 신청함.

 **한자로 어휘 넓히기**

特 특 특별하다	독특(獨特) 따로 특별하게 다름.
	특기(特技) 남보다 특별히 잘하는 재주.
	특파원(特派員) 신문사나 방송국에서 특별히 어떤 곳에 보내 소식을 전하게 하는 사람.

경도
硬 度

굳을 경	정도 도

경도가 낮은 재료는 쉽게 깎이므로 원하는 모양으로 가공할 때 활용된다.

 ## 손에 잡히는 어휘 풀이

경(硬)은 '굳다, 단단하다'를 뜻하고, 도(度)는 '수준'이나 '정도'를 의미해요.

경도(硬度)는 **재료의 단단함을 나타내는 정도**예요. 제품을 제조할 때 금속, 플라스틱, 유리처럼 다양한 재료를 사용하기 때문에 각 재료가 가진 특성을 이해하는 것이 매우 중요해요. 경도가 높은 재료는 잘 긁히지 않으며 표면이 단단하고, 경도가 낮은 재료는 부드러워 가공하기 쉽다는 특징이 있어요.

 ## 함께 알아 두기

제조	지을 제(製) + 지을 조(造) 재료를 이용해 물건을 만드는 과정.
연성	늘일 연(延) + 성질 성(性) 재료가 끊어지지 않고 잘 늘어나는 성질.
가공성	더할 가(加) + 만들 공(工) + 성질 성(性) 재료를 원하는 모양으로 만들기 쉬운 정도.

  ## 한자로 어휘 넓히기

度 도 정도	습도(濕度) 공기 중에 포함된 수증기의 양을 나타내는 정도.
	순도(純度) 어떤 물질이 얼마나 순수한지를 나타내는 정도.
	난이도(難易度) 어렵고 쉬운 정도.

절연성
絕 緣 性

| 끊을 절 | 인연 연 | 성질 성 |

플라스틱이나 고무처럼 **절연성**이 높은 재료는 전기 제품을 안전하게 다루는 데 사용된다.

손에 잡히는 어휘 풀이

절(絶)은 '끊다, 차단하다'를, 연(緣)은 '인연, 연결되는 끈'을 의미해요.

절연성(絶緣性)은 연결이 끊어진 것처럼 **전기가 통하지 않도록 차단하는 성질**을 말해요. 절연성이 높은 재료는 전기가 잘 통하지 않아 감전이나 화재를 막는 데 유용하고, 절연성이 낮은 재료는 전기가 잘 통해 전선이나 회로를 만드는 데 사용된다는 특징이 있어요.

함께 알아 두기

전기 전도성	번개 전(電) + 기운 기(氣) + 전할 전(傳) + 이끌 도(導) + 성질 성(性) 전기를 전달하는 성질.
부도체	아닐 불/부(不) + 이끌 도(導) + 몸 체(體) 전기가 거의 통하지 않는 재료.
누전	샐 누(漏) + 전기 전(電) 전기가 전선 밖으로 새어 나오는 일.

한자로 어휘 넓히기

絶 절 끊다	
	근절(根絶) 뿌리부터 완전히 끊어 없앰.
	절교(絶交) 관계를 끊어 더 이상 어울리지 않음.
	두절(杜絶) 연락이나 소식이 끊어짐.

열가소성
熱 可 塑 性

더울 **열** | 옳을 **가** | 흙 빚을 **소** | 성질 **성**

열가소성 플라스틱은 재사용할 수 있어 사용 후 분리배출이 중요하다.

손에 잡히는 어휘 풀이

열(熱)은 '덥다, 뜨겁다'라는 뜻이고 가(可)는 '가능하다', 소(塑)는 '빚다, 모양을 만들다'를 의미해요.

열가소성(熱可塑性)이란 **열을 받으면 부드러워져 원하는 모양으로 만들 수 있는 성질**을 말해요. 열가소성이 높은 플라스틱은 열을 가해 모양을 만든 뒤 다시 굳힐 수 있어서 여러 번 성형하거나 재활용하는 데 유용한 재료예요.

함께 알아 두기

성형	이룰 성(成) + 모양 형(形) 열, 압력, 기계적 힘 등을 가해 특정한 모양으로 만드는 일.
내열성	견딜 내(耐) + 더울 열(熱) + 성질 성(性) 높은 열을 견디는 성질.
열경화성	더울 열(熱) + 굳을 경(硬) + 될 화(化) + 성질 성(性) 열을 받으면 단단하게 굳어져 다시 연해지지 않는 성질.

한자로 어휘 넓히기

塑 소 흙으로 빚다	
	조소(彫塑) 새기거나 빚어서 형태를 만듦.
	소조(塑造) 진흙이나 석고 등으로 모양을 빚어 만듦.
	가소제(可塑劑) 재료를 더 유연하게 만들어 주는 첨가제.

도면
圖面

| 그림 **도** | 얼굴 **면** |

아이디어 시각화 과정을 통해 문제 해결방안을 스케치와 **도면**으로 구체화한다.

 **손에 잡히는 어휘 풀이**

도(圖)는 '그림'을, 면(面)은 '얼굴, 표면'을 뜻해요.

도면(圖面)이란 **사물의 모양, 크기, 구조를 그림으로 나타낸 것**을 말해요. 제품이나 구조물을 만들기 위해 필요한 정보를 정확하게 표시한 설계도예요. 도면에는 물체를 여러 방향에서 본 모습과 치수가 함께 나타나 있어, 누구나 같은 기준으로 이해하고 정확하게 제작할 수 있도록 도와주는 역할을 해요.

 **함께 알아 두기**

정투상도	바를 정(正) + 던질 투(投) + 모습 상(象) + 그림 도(圖) 물체의 형태를 정면, 평면, 측면에서 본 모양으로 나타낸 도면.
축척	줄일 축(縮) + 자 척(尺) 실제 크기를 일정한 비율로 줄이거나 늘린 정도. 실제 거리를 지도에 축소해 표시할 때의 비율.
단면도	끊을 단(斷) + 얼굴 면(面) + 그림 도(圖) 물체를 자른 단면을 보여 주는 그림.

 **한자로 어휘 넓히기**

 **도** 그림	약도(略圖) 자세한 것을 생략하고 주요한 것만 간략하게 그린 지도.
	도감(圖鑑) 실물을 대신해 그림이나 사진을 모아 엮은 책.
	도화지(圖畫紙) 그림 그릴 때 사용하는 흰 종이.

수송

輸 送

보낼 **수**	보낼 **송**

도시에서는 잘 갖춰진 **수송** 체계로
사람과 물자가 빠르게 이동한다.

 **손에 잡히는 어휘 풀이**

수(輸)에는 수레 차(車)가 있어서, 수레에 짐을 싣고 나르는 것을 뜻하고, 송(送)은 '보내다, 전달하다'를 뜻해요.

수송(輸送)은 **사람이나 물건을 한 곳에서 다른 곳으로 옮기는 것**을 말해요. 자동차, 기차, 선박, 항공기 등 다양한 수단을 통해 이루어져요. 이를 통해 이동 시간을 줄이고 물류를 효율적으로 관리하며, 생활의 편리함을 높여 사회가 원활하게 움직이도록 도와줘요.

 **함께 알아 두기**

배송
나눌 배(配) + 보낼 송(送)
물건을 정해진 장소로 나누어 보내는 일.

택배
집 택(宅) + 나눌 배(配)
물건을 집까지 직접 나누어 보내는 일.
Tip! 택배는 배송의 한 형태로 물건을 집까지 직접 배달하는 서비스예요.

적재
쌓을 적(積) + 실을 재(載)
화물이나 물건을 차, 배, 비행기 등에 실음.

 **한자로 어휘 넓히기**

送 송 보내다	**반송(返送)** 보낸 것을 다시 되돌려 보냄.
	송장(送狀) 물품을 보낼 때 내용과 수량을 적은 문서.
	이송(移送) 사람이나 물건을 다른 장소로 옮겨 보냄.

기술·가정

물류
物 流

물건 물	흐를 류(유)

효율적인 **물류**를 위해서는 상황과 조건에 맞는 수송 수단을 선택해야 한다.

 **손에 잡히는 어휘 풀이**

물(物)은 '물건', 류(流)는 '흐르다'를 뜻해요.

물류(物流)는 물건이 한곳에서 다른 곳으로 이동하는 전체 과정을 의미해요. **물건을 필요한 장소까지 안전하고 효율적으로 옮기기 위해 보관, 운반, 관리하는 모든 활동**이에요. 집하, 보관, 포장, 운송, 하역, 배송 등의 과정을 거치며, 이를 통해 물건이 생산지에서 소비자에게 도달하기까지의 흐름이 체계적으로 관리되어요.

 **함께 알아 두기**

운송	옮길 운(**運**) + 보낼 송(**送**) 사람이나 물건을 다른 곳으로 실어 나름. Tip! 수송이 물건을 이동시키는 전체 활동이라면, 운송은 그 과정에서 실제로 나르는 활동을 말해요. 배송은 물건을 정해진 장소나 사람에게 전달하는 단계로, 보통 수송과 운송의 마지막에 이루어져요.
하역	멜 하(**荷**) + 일할 역(**役**) 짐을 싣고 내리는 일.
유통	흐를 류/유(**流**) + 통할 통(**通**) 물건이 생산자에서 소비자에게 흘러가며 이동하는 전체 과정.

 **한자로 어휘 넓히기**

物 물 물건, 사물	오물(**汚物**) 더럽고 지저분한 물건.
	제물(**祭物**) 제사를 지낼 때 바치는 물건.
	노폐물(**老廢物**) 몸에서 쓸모없어져 밖으로 내보내야 하는 물질.

기술·가정

당위
當爲

마땅 **당**	할 **위**

당위는 옳고 그름을 판단하는 기준이 되어 책임 있게 행동하도록 이끌어 준다.

 손에 잡히는 어휘 풀이

당(當)은 '마땅하다, 알맞다', 위(爲)는 '하다, 행하다'를 뜻해요.

당위(當爲)는 **마땅히 해야 할 일, 즉 옳기 때문에 해야 하는 행동**을 의미해요. 예를 들어 약속을 지키거나 공공장소에서 질서를 지키는 일처럼 '하고 싶어서'가 아니라 '옳기 때문에' 해야 하는 행동이 당위에 해당해요. 당위는 우리가 사회에서 서로 존중하며 살아가기 위해 마땅히 지켜야 할 행동의 기준으로, 어떤 행동이 옳고 바람직한지를 판단하게 해주는 개념이에요.

 함께 알아 두기

욕구	하고자할 욕(欲) + 구할 구(求) 어떤 것을 바라고 얻고자 하는 마음.
의무	옳을 의(義) + 힘쓸 무(務) 옳기 때문에 마땅히 지켜야 할 책임.
규범	법 규(規) + 모범 범(範) 사람들이 지켜야 할 규칙이나 모범이 되는 기준.

 한자로 어휘 넓히기

當 당 마땅하다	**합당(合當)** 이치나 상황이 마땅히 맞아 떨어짐.
	당연(當然) 일의 앞뒤 사정을 보아 마땅히 그러함.
	정당(正當) 이치에 맞아 바르고 마땅함.

양심
良 心

어질 량(양)	마음 심

할머니는 각박한 세상에 **양심** 있는 학생 덕분에 살았다며 박 군에게 감사의 마음을 전했다.

 ### 손에 잡히는 어휘 풀이

량(良)은 '어질다, 좋다', 심(心)은 '마음'을 뜻해요.

양심(良心)은 올바르고 어진 마음, 즉 **옳고 그름을 스스로 판단하고 옳은 일을 선택하려는 마음**을 의미해요.

양심은 자신의 행동을 스스로 돌아보게 하고, 올바르게 행동하도록 이끌어 주는 내면의 목소리예요. 남이 보지 않아도 규칙에 맞게 행동하거나, 잘못했을 때 미안한 마음이 드는 것처럼 양심은 스스로 바르게 살고자 하는 마음에서 비롯된 도덕적 기준이에요.

 ### 함께 알아 두기

가책	꾸짖을 가(呵) + 꾸짖을 책(責) 스스로 잘못을 꾸짖으며 부끄러운 마음.
성찰	살필 성(省) + 살필 찰(察) 자신의 마음이나 행동을 되돌아보고 살핌.
도덕적 갈등	길 도(道) + 덕 덕(德) + 과녁 적(的) + 칡 갈(葛) + 등나무 등(藤) 둘 이상의 도덕적 가치가 서로 충돌해 무엇이 옳은지 고민하는 상황.

  ### 한자로 어휘 넓히기

良 량 좋다	개량(改良) 나쁜 점이나 불편한 점을 고쳐 더 좋게 바꿈.
	우량(優良) 품질이나 능력이 뛰어나고 좋음.
	현모양처(賢母良妻) 어질고 슬기로운 어머니이자 좋은 아내.

좌우명
座右銘

| 자리 좌 | 오른쪽 우 | 새길 명 |

도덕적 성찰을 하기 위해서는 **좌우명**,
현인들의 격언 등을 삶의 지침으로 정하고
꾸준히 실천해야 한다.

 ### 손에 잡히는 어휘 풀이

좌(座)는 '앉는 자리', 우(右)는 '오른쪽', 명(銘)은 '새기다'를 뜻해요.
좌우명(座右銘)은 앉는 자리 오른쪽에 새겨 두는 짧은 문구, 즉 **늘 곁에 두고 삶의 지침으로 삼는 말**이란 뜻이에요. 생활 속에서 자신의 행동과 선택을 바른 방향으로 이끌어 주는 작은 기준이라고 할 수 있어요. 예를 들어 '정직하게 살자', '남을 배려하자'와 같은 문장이 있어요.

 ### 함께 알아 두기

지침	가리킬 지(指) + 바늘 침(針) 어떤 일을 할 때 방향을 가리켜 주는 기준이나 원칙.
격언	격식 격(格) + 말씀 언(言) 오랜 경험에서 얻은 교훈을 간결하게 표현한 말.
현인	어질 현(賢) + 사람 인(人) 어질고 지혜로운 사람.

 ### 한자로 어휘 넓히기

右 우 오른쪽	
	우의정(右議政) 조선 시대 오른편에 앉던 재상, 높은 지위의 신하.
	우익수(右翼手) 야구에서 오른쪽 외야를 맡아 수비하는 선수.
	우왕좌왕(右往左往) 오른쪽으로 갔다가 왼쪽으로 감. 이리저리 헤매는 모습.

유대감
紐 帶 感

맺을 유	띠 대	느낄 감

사회적 신뢰와 **유대감**이 잘 형성된 사회일수록 구성원이 행복을 느낄 가능성이 커진다.

 ### 손에 잡히는 어휘 풀이

유(紐)는 '매다, 묶다', 대(帶)는 '띠, 연결하다', 감(感)은 '느끼다'를 뜻해요.

유대감(紐帶感)이란 사람과 사람이 서로 끈처럼 이어져 있다는 느낌이에요. 즉 **가깝게 연결되어 있다고 느끼는 마음**을 의미해요. 친구와 함께 어려움을 이겨냈을 때 생기는 친밀함, 가족과 시간을 보내며 느끼는 안정감이 모두 유대감이에요. 유대감이 깊어지면 서로를 더 잘 이해하고 갈등이 생겨도 쉽게 풀 수 있어요.

 ### 함께 알아 두기

공동체	함께 공(**共**) + 같을 동(**同**) + 몸 체(**體**) 같은 목적이나 생활을 함께하는 집단.
소속감	바 소(**所**) + 속할 속(**屬**) + 느낄 감(**感**) 어떤 집단이나 조직에 속해 있다고 느끼는 감정.

 ### 한자로 어휘 넓히기

帶 대 띠	연대(**連帶**) 띠처럼 서로 이어져 있음.
	안대(**眼帶**) 눈을 가리기 위해 띠처럼 둘러 씌우는 천.
	붕대(**繃帶**) 상처에 감는 띠 모양의 천.

결속력
結 束 力

맺을 결	묶을 속	힘 력(역)

가족의 **결속력**은 대화, 관심,
서로 돕는 작은 행동에서 자연스럽게 형성된다.

 **손에 잡히는 어휘 풀이**

결(結)은 '맺다', 속(束)은 '묶다, 매다', 력(力)은 '힘'을 뜻해요.

결속력(結束力)이란 끈으로 묶듯, **여러 사람을 서로 단단히 묶어 하나로 이어지게 하는 힘**이에요. 가족이나 학교와 같은 공동체가 서로 신뢰하고 협력하며 하나로 뭉칠 수 있게 해 주는 힘이지요. 결속력이 강한 공동체는 갈등이 생겨도 쉽게 해결하고, 구성원들이 서로를 지지하며 안정감을 느낄 수 있어요.

 **함께 알아 두기**

단합	둥글 단(團) + 합할 합(合) 여러 사람이 힘과 마음을 하나로 뭉침.
구성원	얽을 구(構) + 이룰 성(成) + 인원 원(員) 어떤 조직이나 단체를 이루고 있는 사람.

 **한자로 어휘 넓히기**

束 속 묶다	속박(束縛) 행동이나 의사의 자유를 강제로 묶어 구속함.
	단속(團束) 규율을 세워 통제하고 관리함.
	구속(拘束) 신체의 자유를 제한해 붙잡아 둠.

자애
慈 愛

| 사랑 **자** | 사랑 **애** |

부모는 자녀에게 **자애**를 베풀고,
자녀는 부모에게 효를 실천해야 한다.

 ### 손에 잡히는 어휘 풀이

자(慈)와 애(愛)는 모두 '사랑'을 뜻하지만 약간 달라요. 자(慈)는 연약한 존재를 따뜻하게 돌보고 감싸는 사랑을, 애(愛)는 사람이나 사물을 두루 아끼고 좋아하는 사랑을 가리켜요.

자애(慈愛)란 **아랫사람에게 베푸는 깊고 따뜻한 사랑**이에요. 부모가 대가 없이 자녀를 돌보는 모습에서 자애로운 태도를 볼 수 있어요. 자애로운 태도는 가족 관계를 더욱 평화롭고 안정되게 만들어요.

 ### 함께 알아 두기

우애	벗 우(**友**) + 사랑 애(**愛**) 벗이나 형제끼리 서로 아끼고 사랑함.
연민	불쌍히 여길 련/연(**憐**) + 불쌍히 여길 민(**憫**) 남의 어려움이나 슬픔을 보고 불쌍하고 가엾게 여기는 마음.
자비	사랑 자(**慈**) + 슬플 비(**悲**) 남을 깊이 사랑하고 가엾게 여겨 베풀려는 마음.

  ### 한자로 어휘 넓히기

愛 애 사랑하다	박애(**博愛**) 모든 사람을 두루 사랑하는 마음.
	편애(**偏愛**) 특정한 한쪽만을 치우치게 사랑함.
	모성애(**母性愛**) 어머니가 자녀에게 가지는 깊은 사랑.

방관

傍 觀

곁 방	볼 관

친구의 잘못을 **방관**하지 않고 충고함으로써 친구가 더 나은 선택을 하도록 도울 수 있다.

 ### 손에 잡히는 어휘 풀이

방(傍)은 '곁'이나 '옆'을 뜻해요. 관(觀)은 '보다'를 의미해요.

방관(傍觀)이란 일이 일어나도 **옆에서 바라보기만 하고 아무 행동도 하지 않는 태도**를 말해요. 옳지 않은 일이나 도움이 필요한 상황을 알면서도 모른 척하거나, 부당한 일을 보고도 개입하지 않는 행동을 가리켜요. 예를 들어 학교에서 친구가 괴롭힘을 당하거나 어려움에 처했을 때 침묵하거나 외면하는 태도가 방관에 해당해요.

 ### 함께 알아 두기

방임	놓을 방(放) + 맡길 임(任) 책임지고 돌봐야 할 일을 내버려두고 간섭하지 않음.
침묵	잠길 침(沈) + 잠잠할 묵(默) 가라앉은 듯 아무 말도 하지 않고 조용함.
목격자 효과	눈 목(目) + 칠 격(擊) + 사람 자(者) + 본받을 효(效) + 열매 과(果) 도움을 주어야 할 상황에서 여럿이 함께 있을 때 책임이 분산되어 아무도 먼저 행동하지 않는 현상.

 ### 한자로 어휘 넓히기

傍
방
곁, 옆

방점(傍點)	글자 옆에 찍어 표시한 점.
방계(傍系)	직계가 아닌 곁으로 갈라지는 친족관계.
방증(傍證)	곁에서 간접적으로 어떤 사실을 뒷받침해 주는 증거.

붕우유신
朋友有信

벗 붕	벗 우	있을 유	믿을 신

붕우유신의 의미처럼 진정한 친구라면 친구가 옳지 않은 행동을 하지 않도록 조언해야 한다.

 손에 잡히는 어휘 풀이

붕(朋)과 우(友)는 '벗, 친구'를, 유(有)는 '있다'를, 신(信)은 '믿음'을 뜻해요.

붕우유신(朋友有信)은 친구 사이에는 믿음이 있어야 한다, 즉 **친구끼리 서로를 믿고 성실하게 대해야 한다**는 뜻이에요. 거짓말을 하지 않고 약속을 지키며 서로를 신뢰하는 태도가 우정의 바탕이에요.

친구와 단순히 친하게 지내는 것을 넘어, 언제나 성실한 마음으로 대하는 진실한 태도가 무엇보다 중요해요.

 함께 알아 두기

삼강오륜	셋 삼(三) + 벼리 강(綱) + 다섯 오(五) + 인륜 륜(倫) 전통 사회의 윤리 규범. 세 가지 기본 원칙(삼강)과 다섯 가지 바른 인간관계의 도리(오륜)를 함께 이르는 말.
부자유친	아버지 부(父) + 아들 자(子) + 있을 유(有) + 친할 친(親) 아버지와 자식 사이에는 진실한 사랑과 친밀한 도리가 있어야 함.
장유유서	어른 장(長) + 어릴 유(幼) + 있을 유(有) + 순서 서(序) 어른과 아이 사이에는 마땅한 질서와 예절이 있어야 함.

 한자로 어휘 넓히기

友 우 벗, 친구	우방(友邦) 서로 친하게 지내는 우호적인 국가.
	전우(戰友) 전쟁터에서 함께 싸운 친구.
	교우(交友) 친구를 사귀거나 교제함.

광역성

廣 域 性

넓을 광	지경 역	성질 성

가상 공간은 무제약성, 비대면성, **광역성**과 같은 여러 특징을 가지고 있어요.

손에 잡히는 어휘 풀이

광(廣)은 '넓다', 역(域)은 '경계, 구역'을 뜻해요.

광역성(廣域性)은 **넓은 범위로 퍼지는 성질**로서, 가상 공간의 중요한 특징 중 하나예요. 가상 공간에서는 정보가 시간과 장소의 제한을 거의 받지 않아 아주 넓은 지역으로 빠르게 확산될 수 있어요. 무심코 올린 글이나 사진이 학교를 넘어 다른 지역이나 해외에까지 퍼져 나가 예상하지 못한 피해로 이어질 수 있기 때문에 더욱 신중한 태도가 필요해요.

함께 알아 두기

비대면성	아닐 비(非) + 대할 대(對) + 얼굴 면(面) + 성질 성(性) 서로 얼굴을 마주하지 않고도 의사소통이나 활동을 할 수 있는 특성.
무제약성	없을 무(無) + 절제할 제(制) + 맺을 약(約) + 성질 성(性) 시간, 공간, 거리의 제약을 크게 받지 않고 자유롭게 활동할 수 있는 특성.

한자로 어휘 넓히기

廣 광 넓다	광고(**廣告**) 여러 사람에게 널리 알리는 일.
	광야(**廣野**) 드넓게 펼쳐진 들판.
	광역시(**光域市**) 넓은 지역적 범위를 포괄하는 큰 도시.

금단
禁 斷

| 금할 금 | 끊을 단 |

사이버 중독에 빠진 사람은 가상 공간에 접속하지 못하면 견디지 못하는 **금단** 증상을 보인다.

 ### 손에 잡히는 어휘 풀이

금(禁)은 '금지하다, 꺼리다'를, 단(斷)은 '끊다'를 뜻해요.

금단(禁斷)이란 어떤 것을 **금지하여 더 이상 하지 못하게 끊는 것**을 의미해요.

'금단 증상'은 어떤 물질이나 행동에 익숙해져 있다가 갑자기 그것을 끊었을 때 나타나는 현상을 말해요. 예를 들어 스마트폰 중독에 빠진 학생에게 갑자기 사용을 중단시키면 불안, 초조함, 집중력 저하 같은 변화가 나타날 수 있어요.

 ### 함께 알아 두기

사이버 중독
사이버 + 가운데 중(中) + 독 독(毒)
인터넷, 게임, 온라인 활동에 지나치게 몰입해 벗어나기 어려운 상태.

유포
흐를 류/유(流) + 펼 포(布)
세상에 널리 퍼짐.

파급력
물결 파(波) + 미칠 급(及) + 힘 력/역(力)
물결이 퍼져 다른 곳까지 미치듯 어떤 사물이나 현상이 다른 데까지 영향을 끼치는 힘.

 ### 한자로 어휘 넓히기

禁 금 금지하다, 꺼리다	**금연(禁煙)** 담배 피우는 것을 금지함.
	금식(禁食) 정해진 시간 동안 먹는 일을 금지함.
	금기어(禁忌語) 사용하면 안 되거나 꺼리는 말.

공공선
公共善

공평할 공	함께 공	좋을 선

사회의 공익을 증진하는
공공선 추구의 원칙을 지켜야 한다.

 ### 손에 잡히는 어휘 풀이

공(公)은 '공평하다'를, 공(共)은 '함께하다'를 뜻해요. 공공(公共)은 여럿이 공평하게 함께라는 뜻이에요. 선(善)은 '착하다'뿐만 아니라 '좋다'라는 의미도 가지고 있어요.

공공선(公共善)이란 여럿이 함께하는 좋은 것, 즉 모두에게 이로운 가치나 상태를 가리켜요. **법, 안전, 복지, 환경 보호처럼 개인만을 위한 이익을 넘어 사회 구성원 모두에게 도움이 되는 공동의 이익**을 뜻해요.

 ### 함께 알아 두기

정보 격차	뜻 정(情) + 알릴 보(報) + 사이 뜰 격(隔) + 다를 차(差) 정보를 얻고 활용하는 능력에 따라 생기는 개인 혹은 집단 간의 사회적·경제적 차이.
취약 계층	무를 취(脆) + 약할 약(弱) + 섬돌 계(階) + 층 층(層) 사회적·경제적으로 어려움에 놓여 도움이 필요한 사람들.
포용	감쌀 포(包) + 용납할 용(容) 남을 너그럽게 감싸서 받아들임.

  ### 한자로 어휘 넓히기

善 선 착하다, 잘하다, 좋다	
	적선(積善) 착한 일을 꾸준히 쌓음.
	선방(善防) 공격을 잘 막아냄.
	개선(改善) 잘못된 점을 고쳐서 더 좋게 만듦.

해악

害 惡

| 해칠 **해** | 나쁠 **악** |

특히 인터넷에서는 **해악**이 빠르게 퍼져 더 많은 사람에게 피해가 확산될 수 있다.

 ## 손에 잡히는 어휘 풀이

해(害)는 '손해, 해치다'라는 뜻이고, 악(惡)은 '나쁘다, 나쁜 행동'을 의미해요.

해악(害惡)은 **남에게 해를 끼치는 나쁜 일**을 뜻하며, 구체적으로 사람이나 사회에 부정적 영향을 끼치는 행동이나 상황, 정보를 가리켜요.

허위 정보 유포나 악성 댓글 같은 해악은 타인의 권리를 침해하고 정신적, 사회적으로 큰 피해를 줄 수 있어요. 따라서 가상 공간에서도 현실과 동일한 윤리 기준을 지키며 책임 있게 행동해야 해요.

 ## 함께 알아 두기

부작용	버금 부(副) + 지을 작(作) + 쓸 용(用) 주된 작용 외에 부수적으로 따르는 바람직하지 않은 효과.
위해	위태할 위(危) + 해칠 해(害) 위험하게 하거나 해를 끼침.
악성	나쁠 악(惡) + 성질 성(性) 성격, 태도, 병세 등의 성질이나 상태가 나쁨.

 ## 한자로 어휘 넓히기

害 해 해치다, 손해	**가해(加害)** 남에게 해를 끼치거나 피해를 줌.
	유해(有害) 해로움이 있음.
	상해(傷害) 몸이나 마음이 다치고 해를 입음.

불가침
不可侵

| 아닐 **불** | 옳을 **가** | 침노할 **침** |

인권은 **불가침**의 권리로서, 서로의 사생활과 자유를 존중하는 태도가 필요하다.

 ### 손에 잡히는 어휘 풀이

불가(不可)는 '~해서는 안 된다, 할 수 없다'라는 뜻이고, 침(侵)은 함부로 들어간다는 뜻이에요.

불가침(不可侵)이란 **절대로 침범해서는 안 됨**을 뜻하는 단어예요. 모든 사람은 존엄성을 지닌 존재이기 때문에 그 누구도 개인의 인권을 침해할 수 없어요. 신체의 자유, 사생활, 개인 정보 등은 모두 타인이 함부로 침해할 수 없는 불가침의 권리에 해당해요.

 ### 함께 알아 두기

인권	사람 인(**人**) + 권세 권(**權**) 사람이라면 누구나 태어날 때부터 가지는 기본적 권리와 자유.
존엄성	높을 존(**尊**) + 엄할 엄(**嚴**) + 성질 성(**性**) 인간으로서의 품위와 가치. 사람이 사람답게 대우받아야 한다는 성질.
사생활 보호	사사로울 사(**私**) + 날 생(**生**) + 살 활(**活**) + 지킬 보(**保**) + 보호할 호(**護**) 개인의 사적 삶이 외부로부터 침해되지 않도록 지키는 일.

 ### 한자로 어휘 넓히기

侵 **침** 침범하다, 침략하다	**침탈(侵奪)** 남의 권리나 재산을 침범하여 빼앗음.
	침해(侵害) 남의 권리나 이익을 침범하여 해를 끼침.
	침식(侵蝕) 조금씩 침범해 갉아먹음.

이주노동자

移住勞動者

옮길 **이**		살 **주**
일할 **로(노)**	움직일 **동**	사람 **자**

정부와 지역사회는 **이주노동자**가 안전하게 일할 수 있도록 여러 제도를 마련하고 있다.

 손에 잡히는 어휘 풀이

이주(移住)는 살던 곳을 옮겨 다른 곳에 머무는 것을 뜻해요. 노동자(勞動者)는 힘을 들여 일하는 사람이란 뜻이에요.

이주노동자(移住勞動者)란 **자신이 살던 곳을 떠나 다른 나라나 지역에서 생활하며 일하는 사람**을 말해요. 이주노동자를 포함한 모든 노동자는 국가와 장소에 상관없이 차별받지 않고 권리를 존중받아야 해요.

 함께 알아 두기

혐오	싫어할 혐(嫌) + 미워할 오(惡) 어떤 사람이나 집단, 행동을 몹시 싫어하고 미워함.
다문화 감수성	많을 다(多) + 글월 문(文) + 될 화(化) + 느낄 감(感) + 받을 수(受) + 성질 성(性) 다른 문화나 사람들의 관습, 가치, 생활 양식을 민감하게 이해하고 존중하려는 태도.
내집단 편향	안 내(內) + 모을 집(集) + 둥글 단(團) + 치우칠 편(偏) + 향할 향(向) 자신이 속한 집단(내집단)을 실제보다 더 긍정적으로 평가하고 외집단을 더욱 엄격하게 평가하는 경향.

 한자로 어휘 넓히기

移 이 옮기다	전이(轉移) 한 곳에서 다른 곳으로 옮겨 감.
	이식(移植) 식물이나 신체 장기를 다른 곳에 옮겨 심거나 붙임.
	우공이산(愚公移山) 우공이라는 노인이 산을 옮김. 꾸준히 노력하면 어렵고 큰일도 이룰 수 있음.

분단
分斷

| 나눌 분 | 끊을 단 |

분단은 사회와 문화에 큰 영향을 미쳐 같은 민족이지만 서로 다른 환경에서 살아가게 되었다.

 ## 손에 잡히는 어휘 풀이

분(分)은 '나누다', 단(斷)은 '끊다'를 뜻해요.

분단(分斷)은 **원래 하나였던 것이 갈라져 서로 이어지지 못하는 상태**를 말해요. 하나였던 나라가 둘로 나뉘어 왕래와 교류가 끊어진 상태를 분단 국가라고 해요. 우리나라는 1945년 이후 남한과 북한으로 나뉘었고, 한국전쟁을 겪으면서 분단이 굳어져 지금까지 자유롭게 오갈 수 없는 상태가 되었어요.

 ## 함께 알아 두기

통일	거느릴 통(統) + 하나 일(一) 나뉘어진 것을 하나로 모음.
실향민	잃을 실(失) + 고향 향(鄕) + 백성 민(民) 전쟁, 정치적 이유 등으로 고향을 잃고 떠나 사는 사람.
이산가족	떠날 리/이(離) + 흩어질 산(散) + 집 가(家) + 겨레 족(族) 전쟁이나 재난 등으로 흩어져 서로 만나지 못하게 된 가족.

  ## 한자로 어휘 넓히기

斷 단 끊다	단념(斷念) 바라던 생각을 끊고 그만둠.
	단층(斷層) 지층이 끊어져 어긋난 구조.
	단식(斷食) 일정한 기간 동안 음식을 끊음.

인도주의
人道主義

| 사람 인 | 길 도 | 주인 주 | 옳을 의 |

자연재해로 삶의 터전을 잃은 이웃을 돕는 일은 **인도주의**적 가치를 실천하는 행동이다.

손에 잡히는 어휘 풀이

인도(人道)는 마땅히 사람이 가야 할 길, 즉 사람이 지켜야 할 바른 도리를 뜻해요. 주의(主義)는 주된 생각, 주장, 다시 말해 어떤 생각이나 가치를 중심으로 한 기본 입장이나 생각을 뜻해요.

인도주의(人道主義)는 **인간의 존엄성을 가장 높은 가치로 여기며 사람을 중심에 두는 태도**예요. 모든 사람이 존중받아야 한다는 믿음을 바탕으로 인종, 민족, 국가, 종교를 넘어 서로를 배려하고 존중하는 마음이 바로 인도주의예요.

함께 알아 두기

비무장지대	아닐 비(非) + 무기 무(武) + 꾸밀 장(裝) + 땅 지(地) + 띠 대(帶) 군대나 무기가 배치되지 않고, 군사행동이 금지된 구역.
구호	구원할 구(救) + 보호할 호(護) 재난, 사고, 전쟁으로 피해를 입은 사람을 구제하고 보호함.

한자로 어휘 넓히기

道 도 길, 도리	법도(法道) 법률을 지켜야 할 도리.
	편도(片道) 가고 오는 길 가운데 어느 한쪽 길.
	도덕(道德) 사람이 지켜야 할 바른 도리와 행동 규범.

외경
畏 敬

| 두려워할 외 | 공경할 경 |

슈바이처는 모든 생명체에 대해
외경을 가져야 한다고 주장했다.

 **손에 잡히는 어휘 풀이**

외(畏)는 '무서워하다, 두려워하다'라는 뜻이고, 경(敬)은 '공경하다'를 의미해요.
외경(畏敬)은 **두려움과 공경을 함께 느끼는 마음**으로, 함부로 대할 수 없는 존재나 가치 앞에서 조심스럽고 겸손해지는 태도를 가리켜요. 장엄한 산의 모습이나 생명을 다루는 순간처럼, 단순히 무섭다고 느끼는 감정이 아니라 마음이 숙연해지고 깊은 존중이 생기는 상태를 뜻해요.

 **함께 알아 두기**

동물권	움직일 동(動) + 물건 물(物) + 권리 권(權) 동물이 가지고 있는 권리. 생명으로서 고통받지 않고, 존중받을 권리.
착취	짤 착(搾) + 가질 취(取) 남의 것을 부당하게 빼앗아 자기 것으로 삼는 일.
이타심	이로울 리/이(利) + 다를 타(他) + 마음 심(心) 자기 이익보다 남의 이익을 앞세우거나 남에게 도움을 주려는 마음.

 **한자로 어휘 넓히기**

敬 경 공경하다	존경(尊敬) 남을 높이고 공경함.
	불경(不敬) 공경하지 않음. 예의에 어긋나게 행동함.
	경로(敬老) 노인을 공경함.

비정부단체

非政府團體

아닐 비	정사 정	관청 부
둥글 단		몸 체

다양한 국제기구와 **비정부단체**에
참여함으로써 생명 존중을 실천할 수 있다.

 ### 손에 잡히는 어휘 풀이

비(非)는 '아니다'를 뜻하고, 정부(政府)는 나라의 일을 맡아 운영하는 기관을 말해요. 단체(團體)는 같은 목적을 가진 사람들이 모인 조직을 뜻해요.

비정부단체(非政府團體)란 **정부가 아닌 시민들이 자발적으로 만들어 공익적인 일을 하는 단체**를 가리켜요. 환경 보호, 인권 보장 등 사회 문제를 해결하기 위해 활동하는 시민 조직이에요. 흔히 NGO(Non-Governmental Organization)라고도 불러요.

 ### 함께 알아 두기

동물 복지
움직일 동(動) + 물건 물(物) + 복 복(福) + 복 지(祉)
동물이 행복하고 안전한 생활을 누릴 수 있도록 배려하는 노력.

그린피스
Greenpeace
핵무기 반대 혹은 환경 보호를 위해 국제적으로 활동하는 단체.

생크추어리
Sanctuary
동물 보호 구역. 학대받거나 다칠 위험이 있는 동물을 평생 보호하는 공간.

 ### 한자로 어휘 넓히기

團
단
둥글게 뭉치다, 집단

경단(瓊團)	동그랗게 빚어 고물을 묻힌 떡.
단결(團結)	여럿이 한마음으로 뭉침.
단합(團合)	한데 뭉쳐 서로 협력함.

1등급을 위한
중1 교과서 개념 한자

초판 1쇄 인쇄 2026년 4월 1일
초판 1쇄 발행 2026년 4월 15일

지은이 김연수
펴낸이 김종길
펴낸 곳 글담출판사 **브랜드** 글담출판

기획편집 이경숙·김보라 **영업홍보** 김지수
디자인 손소정 **관리** 이현정

출판등록 1998년 12월 30일 제2013-000314호
주소 (04091) 서울시 마포구 토정로222 한국출판콘텐츠센터 309호
전화 (02) 998-7030 **팩스** (02) 998-7924
블로그 blog.naver.com/geuldam4u **이메일** geuldam4u@geuldam.com

ISBN 979-11-24423-00-4 (03700)

* 책값은 뒤표지에 있습니다.
* 잘못된 책은 바꾸어 드립니다.

만든 사람들
책임편집 이경숙 **디자인** 손소정 **교정교열** 오지은

글담출판에서는 참신한 발상, 따뜻한 시선을 가진 원고를 기다리고 있습니다.
원고는 아래의 투고용 이메일을 이용해 보내주세요. 여러분의 소중한 경험과 지식을 나누세요.
이메일 to_geuldam@geuldam.com